# 鼴鼠小姐的 理財生活

Wealth Accumulation Strategies
for Financial Success.

最有趣的理財童話，從白手起家到名利雙收
**學會用錢的方式，決定你的人生！**

深耕兒少財商教育的知識傳播者

錢際、楊萍——著

## 點讚推薦

「我相信財富自由不必是艱澀難懂的，本書將財務知識輕巧俏皮地呈現給讀者，通往財富自由之路，正應該要如此好玩、有趣！」

——**佐依 Zoey**｜佐編茶水間

「能否致富取決於心態，這本書將告訴你成為富人該有的認知。」

——**雨果**｜《ETF 存股》系列作者

「理財就是理生活，用錢的習慣決定生活樣貌，讓分配金錢資源成為日常習慣，這個能力會成為築夢的最佳利器，就讓鼴鼠小姐的這一場金錢之旅開啟你一生受用的能力吧！」

——**珊迪兔**｜「精算媽咪的家計簿」Podcast 主理人

「無論是大人小孩透過淺顯易懂說故事的方式，就能從中獲得許多投資理財的基本功，我已經在期待第二集了。」

——**孫太**｜《存股輕鬆學》系列書作者

「三堂理財課讓你幸福早點來！」

——**馬哈老師**｜親子理財專家

「書，要孩子願意讀才能發揮效益。用小說趣味方式，加上可愛的鼯鼠等動物角色，是吸引孩子學習財商很好的入門閱讀書。」

——**黃子欣**｜孩子的理財力教練

「從小學習投資理財，才是贏在起跑點上。」

——**陳重銘**｜理財暢銷作家

「看似淺顯易懂的故事情節，卻是富含理財智慧的金銀寶山！」

——**愛瑞克**｜《內在原力》系列作者、TMBA 共同創辦人

## 內容提要

　　這是一本寫給年輕人的理財童話書。

　　鼴鼠小姐和企鵝先生，是一對背井離鄉來到新的國家打拚的小夫妻。兩人本一窮二白，但鼴鼠小姐參加理財大賽，成為他們生活的轉捩點。他們在豬博士、兔子大姐、信天翁先生等人的幫助下，掌握了理財的方法，不但累積了財富，還成了成功的理財者。

　　這個溫馨的故事不僅探討了財富思維、合理開支、理財帳戶、基金投資、保險配置、房產等方面的問題，還介紹了執行理財規劃的方法。

　　親愛的讀者朋友，您是否有理財上的困惑與經濟上的煩惱呢？或許，您已經開始學習理財，卻發現理財的知識點又多又分散，簡單學習根本無法形成自己的知識體系，導致理財效果不佳。

　　現實中，您可能也想透過一些更專業的書籍或課程來系統學習理財，但它們枯燥晦澀的內容又將您拒之門外。

　　有沒有一種方法，可以讓您輕鬆愉快地學習理財呢？答案就是閱讀您手裡的這本書。

　　本書提煉了當今世界上一流的財富思維，將理財的思維與理念、方法與技巧巧妙地融入童話故事。您只需跟著故事情節走，就會逐步建立一套理財思維，打造屬於自己的財富系統。

　　我們一直認為：將蘋果交換一下，得到的還是一個蘋果，但將思想交換一下，收穫的就是兩種思想。

　　真誠希望我們的經驗能對您有用，也祝您理財成功、生活幸福！

企鵝先生　鼴鼠小姐

# 目錄

## Chapter 1

# 最美好的回憶

一個普通人，如果想在年輕時就擁有美好的人生，那就需
要探究金錢、事業與生活的關係。

## Chapter 2

# 參加理財大賽

為什麼理財是時間最好的禮物？

為什麼年輕人應該只把 20% 的關注度放在理財上？怎樣
協調賺錢與理財？

為什麼真正的節儉理念來自一個鄉村老頭兒鼴鼠老爸？答
案就在鼴鼠小姐的第一次理財演講中。

## Chapter 3

# 豬博士的邀請函

想要變得富有，僅靠工作賺錢能做到嗎？如何工作才能有

助於日後創業？為什麼很多人對成功的渴望很強烈，卻事與願違？

成功一定有方法，變得聰明也是如此，其中的祕訣究竟是什麼？

## Chapter 4

# 探望豬博士

金錢不等於財富，有錢人也未必就是富人！因為富人講究的是對四種財富的探索和累積。那麼問題來了，什麼是四種財富呢？記住：看懂世界，你就會是富人。

## Chapter 5

# 三堂理財課 I：致富的奧祕

能不能生活得更富裕？就要看你的選擇了。什麼是可行的迅速致富的方法？

到底是「大錢」重要還是「小錢」重要？這麼普通的問題卻成為富人與窮人的分水嶺。

什麼是聰明的花錢態度？不是看賺錢的難易程度，而是看錢在未來人生中的去向，但很多人都做反了。

鼯鼠小姐對大鵝夫婦的矛盾進行了調解，讓他們認識到擁有正確的認知有多重要。正確的認知、相互尊重的態度都是構成幸福家庭的基石。

## Chapter 9

# 餐桌上的辯論

奢侈品到底該不該買？什麼樣的行為才是真正的奢侈？原來，「奢侈」兩個字就是答案：奢＝「大＋者」，而侈＝「人＋多」。不過很多人只看到了前者，卻忽視了後者，所以仍然很難累積財富。

## Chapter 10

# 人生課堂

工作沒有大的進展，雖然辛苦但收入很低，不知道未來的路究竟在何方……
現實和理想總是有差距，面對生活的艱難，鼯鼠小姐感到痛苦和無奈，但老師豬博士卻告訴她，最大的抗爭就是不抗爭！
這是什麼道理呢？鼯鼠小姐又是如何面對理想與現實的差距呢？我們不妨一起走進精彩的人生課堂，一探究竟。

## Chapter 11

# 省錢小妙招

賺錢是種能力，而花錢也是種藝術了。

鼯鼠小姐在花錢上有自己獨到的見解，比如她是按照必需品、可選品和奢侈品的順序來購買東西的。對大部分人來說，如何購買可選品格外體現著他們花錢的智慧。

處理好了花錢就理好了財，一個人的消費理念決定著這個人將來會成為怎樣的人。

Chapter 12

# 老師的投保建議

保險是每個家庭必須購買的，是除了日常生活開支之外的又一項支出，但一個人繳保費繳得多，並不意味著其保險意識就強，而要看保額的多少與其家庭責任輕重的配比。

如何才能讓所買保險起到真正的作用？如何才能「花小錢辦大事」、科學地配置保險？豬博士和梅花鹿教授將帶給您系統全面的講解。

Chapter 13

# 偶遇信天翁

什麼是投資中的正和遊戲和零和遊戲？

為什麼信天翁先生說買基金就是「加入他」？

投資是要為供需價格買單，還是要為情緒價格買單？是什麼讓人不由得感嘆，成功的投資往往是「反人性」的？

什麼是聯想化選股法？

這位來自海麗國的投資高手，又會有怎樣的見解？

**溫馨提示**

本故事純屬虛構，如有雷同，實屬巧合。故事中所講的各類理財思維僅為
理論說明，不做為任何投資建議，且有些理財思維為個人觀點，僅供參
考。切記市場有風險，投資需謹慎！

Chapter 1

# 最美好的回憶

請你帶著以下問題閱讀：
1. 貧窮夫妻真的百事哀嗎？年輕夫妻要想做好財務規劃，
   可以如何著手？
2. 花高出正常價格的金錢買東西，適合嗎？

清晨，白色的窗紗在微風中輕輕飄動，窗外的花香已悄然飄進屋內，雖然橡樹開的花香味很淡，但家族特有的靈敏嗅覺仍使得鼴鼠小姐倍感心曠神怡。她合上了擺在桌上的日記，喝了口紅茶，品著自己精心製作的小點心，看著窗外那鬱鬱蔥蔥的橡樹林，聽著屋頂上小鳥歡快的鳴叫，不禁浮想聯翩、思緒萬千。

「親愛的，我們來橡樹國已經快十年了，時間過得可真快呀！」鼴鼠小姐對坐在沙發上看書的丈夫企鵝先生說道。

「是的！親愛的，這些樹長了那麼久，終於等到可以開花的這一天了。」企鵝先生放下手中的書，緩步走到鼴鼠小姐身旁，看向窗外初夏的風景。

「是啊，橡樹長十年才會開花，我們也和它們一樣，用近十年的時間擁有了年輕時夢想的一切，真的要感恩！」鼴鼠小姐說道。

「要是一開始就知道答案就好了，也不會有那麼多年的擔憂與困惑了。」企鵝先生說道。

「生命的意義就在於探索充滿不確定性的未來，如果一切都是早已定好，那才沒意思呢！每個人都應該對自己的人生負責，而每個人最大的幸福就是，在未來的某一天能遇到最好的自己。」鼴鼠小姐感慨萬千地說道。

「我也明白這個道理，只是不想讓你擔心。但令人欣慰的一點是，我遇到了你，如果沒有你，我恐怕也很難遇到那個最

好的自己。」企鵝先生說道。

　　企鵝先生出生在天寒地凍的南極國，他看起來就像一位略顯愚鈍的謙謙紳士；鼴鼠小姐出生在神祕的東方古國——寶石國，她看起來像是一位頭腦靈光的小仙女。為了方便照顧雙方長輩，他們把新家建在與兩個家族的距離幾乎相等的中間地帶，也就是現在的橡樹國。初來乍到的他們一開始過得並不順利，而且經常陷入「彈盡糧絕」的境地，好在他們並不氣餒，以「夫妻同心、其利斷金」的信念，打造了一個屬於自己家庭的美好未來。

　　企鵝先生現在是這裡的明星人物，他經營著一家大型跨國漁業公司，業務遍布全球各地。鼴鼠小姐也有自己的事業，打理著一家以「浪漫度假」為主題的連鎖旅館。他們還給旅館取了個很有紀念意義的名字，叫「企鵝愛鼴鼠」，並註冊了商標。他們現在有兩間別墅，一間是現在居住的，在山腳下的橡樹林中；另一間在離企鵝先生公司不遠的海邊，那裡也是他們閒暇時度假的地方。

　　企鵝先生現在很成功，但放在以前，在朋友們的眼中，這可是一件不可思議的事情。當企鵝先生說自己將來會成為有錢人時，他們常常捧腹大笑，聽到他還想創業時，幾乎沒有人認為他會成功。因為，性格內向的企鵝先生在那時幾乎一無所有，不僅很多工作業績都被主管據為己有，他有時還要為主管犯的錯負責，工作情況很不穩定。頻繁換工作也使得企鵝先生

一度懷疑自己，倍受打擊。

在那段初來橡樹國的歲月裡，他和鼴鼠小姐四處碰壁，身上的錢經常只夠應付當天的伙食。

艱難的日子雖然並不長，但總是很難熬。

甚至有幾天，他們因弄丟了僅有的付房租的錢，一度無家可歸，只能在沙灘上過夜。深夜，企鵝先生趴在沙灘上痛哭，還用頭把沙灘「撞」了一個坑。他想不通為什麼自己這麼優秀，卻總是不成功，也沒有辦法給鼴鼠小姐好的生活。他又急又氣又自責，鼴鼠小姐總是在旁邊安慰和鼓勵他。

幸好，生活的壓力並沒有壓垮這對小夫妻，反而讓他們更加珍惜彼此，可謂患難見真情。鼴鼠小姐記得自己當時最大的幸福，就是企鵝先生每天回家都會為她買一點水果——雖然不多，但讓她心裡暖暖的。

年輕的企鵝先生雖然沒有一開始就獲得成功，但他的內心還是很倔強的。他對鼴鼠小姐說：「雖然我們現在一無所有，但只要我們努力，就一定會有所收穫。」

只要信念不滅，生活總有轉機。後來，鼴鼠小姐終於找到了一份幼兒園裡的工作，企鵝先生也進入一家漁場工作，他們的生活總算有了些著落。

成功後的企鵝先生曾表示，他的經歷證明了每個人都可以成功，只要願意付出，不怕辛苦，經常學習。

此外，企鵝先生認為自己成功的原因還有兩個，一個是認

識了豬博士，另一個就是遇到了自己的妻子鼴鼠小姐。鼴鼠小姐最大的特點是心地善良、性格開朗，且樂於助人。她還認為好丈夫是「誇」出來的，不是「罵」出來的。她對待企鵝先生的態度，使得企鵝先生無論是在順境還是逆境，也不管是在多大的困難與風浪面前，都能信心滿滿、從容應對，最終取得成功。

鼴鼠小姐的老師豬博士曾告訴她：「妻子決定著家庭的財富多少，而究竟能獲得多少家庭財富則要靠丈夫。」剛開始鼴鼠小姐並沒有完全弄懂這句話的意思，她想，既然家庭財富的多少是由妻子決定的，那為什麼還需要靠丈夫獲得呢？她自己也是可以去賺錢的。後來，她終於想明白了，豬博士的意思不是非要丈夫去賺錢，而是不管誰去賺錢或管錢，只要另一方沒有配合好，家庭財富就很難真正累積下來，因為夫妻是一個整體，經營家庭要靠雙方共同努力才行，也就是說，家和才能萬事興。

同時，一般情況下，男性較理性，而女性較感性，所以一個家庭的「情緒」多由妻子掌控。幸福的家庭往往情緒平穩、氛圍和睦，這樣的家庭，財富往往也能自然增長，但前提是丈夫能讓妻子心態平和。

就像航海，海水可以讓船浮起來並順利前行，但要成功到達目的地，就得靠舵手了。

他們所在的橡樹國依山靠海，資源豐富，以橡樹的品種眾

多而著稱。企鵝鼴鼠夫婦居住的這片橡樹林綿延數百公尺，樹木高大而形態優美，空氣格外清新。

橡樹林裡生活著許多居民，有大鵝夫婦、綠頭鴨兄弟、刺蝟先生、兔子大嫂、青蛙大嬸和貓頭鷹姐妹等。一到晚上，他們就會召開「橡山灣」聯誼會，大家載歌載舞，不亦樂乎。這裡還有一條公路直通城市，企鵝鼴鼠夫婦喜歡駕駛自家的紅牛跑車，去市內探望上學的孩子──孩子平時住校，只有週末才能回家。

企鵝先生駕車平穩規範，而鼴鼠小姐駕車則極具靈活性。所以，在公路上長途等速駕駛，一般都是企鵝先生的事，而外出旅遊探險或應付複雜的城市路況，那就得靠鼴鼠小姐了。

「你還記得我們買紅牛跑車時的情形嗎？」企鵝先生問道。

「當然記得，那天是我人生中最幸福的一天！」鼴鼠小姐神采飛揚地說道。

「嗯。我看了許久，一直拿不定主意，也對比了多個不同的車型，都快成半個汽車專家了。要是你現在問我街上行駛的是什麼車，我立刻就可以告訴你它的品牌名字、性能、配置和價格。是不是很厲害呀！」企鵝先生得意地說道。

「是的，你的眼光的確不錯，酒紅色的車給人一種神祕感，酒紅色也是我最喜歡的顏色。」鼴鼠小姐說著，隨即陶醉於幸福的回憶中。

「要是能早幾年送給你就好了，可惜那時我的能力有限。唉！」企鵝先生說道，帶著遺憾而自責的口吻。

「老師豬博士曾對我講過，他說人不應老盯著那些自己沒有的東西，並為此而傷感，人應去感恩那些自己已經得到的東西。」鼴鼠小姐忙安慰丈夫。

「是的，我們應感恩現在的生活。」企鵝先生說道。「對，那天當你說你要送我的生日禮物是這輛車時，其實我內心別提有多高興了，這是咱們奮鬥多年的最好見證。」鼴鼠小姐一臉幸福地感嘆道。

「記得你當時說一定要看完車再付尾款，我還以為你不相信我的眼光呢。」企鵝先生說道。

「完全沒有那個意思！買車是我們早就商量好的，但你把它當作生日禮物送給我，讓我感到自己是最幸福的人。而且你挑選的車型和顏色，都是我最喜歡的，我怎麼會不相信你的眼光呢？」鼴鼠小姐忙解釋道。

其實，從企鵝鼴鼠夫婦成立小家庭後，他們是做了分工的：企鵝先生負責捕魚賺錢，鼴鼠小姐負責打理家務和管理帳務。企鵝先生把賺的大部分錢都交給善於理財的鼴鼠小姐管理，自己則只留企業日常的經營費用和個人生活費用。在對外付錢這件事情上，小額支付由企鵝先生進行，而大額支付一定由鼴鼠小姐親自操作，這也是他們根據自己的性格特點及與對方生活多年的經歷，而養成的習慣。

「那你是不是擔心把錢給了我，我會拿去亂花呀？嘿嘿！」企鵝先生笑著問道。

「不是的。你忘了咱們的理財制度了嗎？『夢想品』必須在理財帳戶金額達標後才可以買。」鼴鼠小姐說道。

「哦，對了，就是那本理財日記裡寫的吧，我只管賺錢，理財的事完全交給你，定的規矩我早忘了。」企鵝先生指著桌上那個紅色的日記本說道。

「那沒關係！要知道，夫妻是最好的搭檔，我們做好自己擅長的事即可。」鼴鼠小姐邊說邊拿起了那本厚厚的理財日記，「這可是橡樹國國王獎勵給本小姐的，裡面有很多金玉良言。」

「你有理財日記，我有投資寶典，咱倆可謂是珠聯璧合、天下無敵！哈哈！」企鵝先生笑道。

「我的日記就在這裡，那你的寶典又在哪裡呢？」鼴鼠小姐也笑著說道。

「在我的大腦裡、在市場中、在橡山灣、在橡樹國、在大自然裡……總之無處不在！哈哈！」企鵝先生大笑道。

「是嗎？哈哈！不過，我相信你，你一直都是最棒的。你看，外面天氣這麼好，咱們出去散散步吧。」鼴鼠小姐笑著說道。

鼴鼠小姐很瞭解丈夫的心思，他想讓自己每分每秒都快樂，只是木訥的他要麼就不會表達，要麼就像這樣一般表現得

過於直接，但這並不影響自己開心地大笑。而這種情形只會在他們兩人相處時發生，外人是絕對看不到企鵝先生的這一面的。在外人眼中，企鵝先生是一個事業成功，表情嚴肅且缺乏生活情趣的傢伙。

屋外，陽光透過枝繁葉茂的橡樹林，形成了許多交叉且柔和的淡黃色光束。那些光束像舞臺上四射的燈光，將這個世界點綴得如夢如幻，讓人倍感溫馨浪漫。樹下綠草如茵，草地上盛開著各色的小花，一團團，一簇簇，有紅色的、粉色的、黃色的、紫色的、淡藍色的……漫山遍野、五彩斑斕，彷彿一片花海。企鵝先生用各色的小花編了一個花環，戴在了鼴鼠小姐的頭上。之後，他倆沿著林間小道向山下的方向走去。

在路上，他們還碰到了兔子大嫂。兔子大嫂邀請他們共進午餐——蘑菇宴，他們愉快地同意了。

他們翻過了幾個山坡，眼前出現了一條彎彎曲曲的小河。有月亮的晚上，月光灑在小河上，別提多美了，所以當地人都叫這條小河「月牙河」。據說這條河發源於山上的高處，一路流淌下來灌溉了這片橡樹林，最終流向附近的大海，就是企鵝先生捕魚的那片海。可能因為這裡是平原，所以水流很平緩。今天，小河更是出奇平靜，就像是特地為了讓他們玩得開心似的。

「青蛙大嬸，還有船嗎？」企鵝先生對著河邊草叢高聲喊道。

「是誰啊？喊這麼大聲。船都租出去了，你們來晚啦。」青蛙大嬸的視力不是很好，她瞪著一對水汪汪的大眼睛，肚子一鼓一鼓地說道。

「真可惜，還是來遲一步。」鼴鼠小姐惋惜地說道。

「不要緊，青蛙大嬸可是這裡的『名人』，看我的吧。」企鵝先生神祕地眨眨眼。

鼴鼠小姐不知道的是，憨厚的企鵝先生在做生意上可是絕對的精明人，他的漁業公司最早就是從這裡起家的。那幾年，他沒少和青蛙大嬸打交道。而青蛙大嬸以愛錢如命而著稱，在做生意這行裡可是出了名的，即使她已經累積了大量財富，但金錢似乎對她還是有著無窮無盡的吸引力。

企鵝先生又大聲喊道：「青蛙大嬸，真的沒船了嗎？我出雙倍價錢，怎麼樣啊？」

「雙倍也沒有，中午他們才會回來，要不你們在這裡等等吧。」青蛙大嬸也喊道。

「那 3 倍怎麼樣？」企鵝先生有點急了。鼴鼠小姐忙拉住他的手，說道：「3 倍太貴了，改天再來吧。」

「你真的出 3 倍嗎？我自己家裡還有一條船，就是小了點，不知你們願不願意呢？」青蛙大嬸說道。這條小船本是青蛙大嬸為女兒小蝌蚪精心準備的禮物，今天可是小蝌蚪的成人禮。但青蛙大嬸默默盤算了一下，3 倍的船費，可是一筆不小的收入！

企鵝先生知道，很多人面對高額的利潤是沒有抵抗力的。利潤越高，人心越活躍。記得有位經濟學家說過，如果利潤能有 300% 的話，很多人願意為之冒險，甚至做一些本不想做的事。他明白青蛙大嬸這類人的想法，他們把金錢看得太重了，而真正的富人只把金錢當工具。在富人的眼中，金錢只是數字代號，他們更關注其交換的價值，而普通人則只關注其交換的數字。

　　關於這一點，企鵝先生想起老師豬博士曾經問自己的一個問題：「你說世界是真實的，還是虛擬的呢？」

　　企鵝先生回答說：「當然是真實的了，因為眼見為實。」

　　豬博士哈哈大笑：「這就是很多人不能成為富人的主要原因，記住，眼見未必為實。」

　　豬博士告訴他，完整的世界包括我們看到的和看不到的兩個部分，所以一個人永遠不要以為自己能簡單瞭解真相。

　　豬博士又問他：「金錢是真實的，還是虛擬的呢？」企鵝先生這次回答道：「金錢是虛擬的，價值才是真實的。」

　　豬博士滿意地點點頭，說：「富人只盯價值，為了獲得價值而去賺錢；窮人卻只盯金錢，為了金錢不惜失去價值。」

　　企鵝先生現在深深明白了這個道理，為了能讓鼹鼠小姐坐上船，他是不惜花錢的，因為對他來說那是真正有價值的事情。

　　明白這個道理的另一個好處就是，你將對賺錢沒有恐懼

感。普通人因為認為金錢是真實的，所以心理上就會認為錢是更重要的東西，錢很難賺，即使面對有價值的東西，也不捨得花錢購買。比如，為參加一次重要面試而買的一套合身的品牌服裝，雖價格稍高，卻是有價值的。因為好的形象可以給面試官留下良好的印象，如果可以獲得這份工作，那買服裝花的錢都是可以「賺」回來的；即使沒那麼幸運，沒有獲得這份工作，這套得體的服裝也有很高的機率能在未來的求職之路中發揮作用。敢於「投資」有價值的事，看到金錢背後的價值，是富人的思維。

企鵝先生記得一家小型超市的老闆曾欣喜若狂地告訴人們，他將自己的小店以市場價格的 7 倍成功售出，還說買家真是天下最大的傻瓜。但多年後，買他超市的人成了橡樹國連鎖零售業的超級經營者，也是這裡最有名的富人之一，而超市原來的老闆則因不善理財且揮霍無度，散盡家財後走投無路，只好前往這家超市應徵，獲得了一份很普通的工作。

企鵝先生永遠記得老師告訴他的那句話：「只要你堅持做有價值的事情，購買有價值的東西，那幸福和金錢遲早會來到你的身邊。」

那天，他們划著青蛙大嬸家的小船，在風平浪靜的月牙河上遊覽，快到中午時才上岸，度過了一個愉快的上午。

划船是企鵝先生的強項，鼴鼠小姐則欣賞著兩岸的風光。月牙河的水十分清澈，河底的各色卵石和各類水草一目了然，

顏色各異的魚群不停穿梭，還不時打量著船上的動靜。看到那些可愛的魚兒，鼯鼠小姐情不自禁地發出了一陣銀鈴般的笑聲。

企鵝先生將船划得很快，甚至追上了先前租船的那些遊客，有小浣熊夫婦和土撥鼠一家等，他們住在山的另一邊，都是來月牙河玩耍的。他們你追我趕，還用水槍打起了水仗。鼯鼠小姐玩得很開心，她把土撥鼠一家澆得落花流水，不過自己的衣服也全濕了，頭上的花環還掉到了水裡。

企鵝先生準備跳入水中去打撈花環，但鼯鼠小姐攔住了他，說：「不必了，就讓這些花留在這裡吧，這也是我們最美好的回憶。」

鼯鼠小姐向一同玩耍的小浣熊夫婦和土撥鼠一家揮手告別，相約「來日再戰」後，便和企鵝先生一起趕著回家，因為中午他們還要去參加兔子大嫂家的蘑菇宴呢。

在回去的路上，企鵝先生問鼯鼠小姐：「今天玩得高興嗎？」

鼯鼠小姐說：「簡直太痛快了，土撥鼠一家竟敢和我打水仗，哈哈！太好玩了！」

「你高興就好，我還擔心你會說我亂花錢呢！」企鵝先生說道。

「要是過去，我是絕對不會同意你這樣花錢的，因為那時我們還在努力賺錢。現在我們有了很多的收入，付 3 倍的船費

其實也不算什麼。你忘了，理財不就是為了生活得更好嗎？你為了讓我開心，我又怎麼會責怪你呢？」鼴鼠小姐一本正經地說道。

兔子大嫂的家離企鵝鼴鼠夫婦的家其實並不遠，鼴鼠小姐回家換了身乾淨的衣服後，就和企鵝先生一起朝著兔子大嫂家的方向走去。


## 本章小結論

1. 幸福的家庭往往情緒平穩、氛圍和睦，這樣的家庭，財富往往也能自然增長。

2. 人不應老盯著那些自己沒有的東西，並為此而傷感，應去感恩那些自己已經得到的東西。

3. 很多人面對高額的利潤是沒有抵抗力的，而真正的富人只把金錢當工具。在富人的眼中，金錢只是數字代號，他們更關注其交換的價值，而普通人則只關注其交換的數字。

4. 普通人因為認為金錢是真實的，所以心理上就會認為錢是更重要的東西，錢很難賺，即使面對有價值的東西，也不捨得花錢購買。敢於「投資」有價值的事，看到金錢背後的價值，是富人的思維。

5. 堅持做有價值的事情，購買有價值的東西，那幸福和金錢遲早會來到你的身邊。

Chapter 2

# 參加理財大賽

請你帶著以下問題閱讀：

1. 對剛出社會的年輕人來說，是否應該及早做好理財？

2. 「節儉」是什麼意思？在現代的消費社會中，我們還需要講究節儉嗎？

此時，兔子大嫂家的煙囪正冒出一縷縷青煙，蘑菇湯的香味飄向橡樹林深處。鼴鼠小姐很快就嗅到了這誘人的香味，她拉緊丈夫的手，加快了步伐。

今天來兔子大嫂家的客人還真不少，大家邊吃邊聊，好不熱鬧。

兔子大嫂對企鵝鼴鼠夫婦說：「現在你們的生意越做越大，理財也越做越好，能不能和大家分享一下經驗？」

鼴鼠小姐笑著說：「要想做好理財，最重要的是找到一個朋友，這個朋友就是時間。如果你能很早明白這一點，這對你的人生是很有益的。」

「我剛工作不久，還沒有什麼理財的資本，但我一直很關注理財。」說話的是兔子大嫂的遠親，一位年輕的上班族黑兔先生。

「那你說說，理財應該注意些什麼呢？」鼴鼠小姐看著他說道。

「首先，理財是人生很重要的一件事情，必須從早做起，而且要天天堅持；其次，要向理財成功的人學習，因為他們更有經驗，這樣我們也更容易成功！」黑兔先生眨著大大的眼睛講道，大家也都認可地點點頭。

企鵝先生接過了話題，說：「年輕人，你說得沒錯。但我有個建議，一個人年輕的歲月是很寶貴的，你還應該做些其他更重要的事情才對。」

「現在橡樹國的通貨膨脹這麼厲害，如果不研究理財，您的企業再大，財富也會縮水啊！有什麼能比理財更重要？」黑兔先生並不認同企鵝先生的話，搖頭說道。

「當然有啊！年輕人首先要成家立業才對嘛。而且，對年輕人來說，更重要的是要想想如何賺錢，而不只是簡單理財。」企鵝先生說道。

「我覺得應該是先立業再成家吧！否則如何照顧家庭、養育子女？」黑兔先生說道。

「那你的理財效益怎麼樣？」企鵝先生問道。

「理財獲得的收入還不是很高，不過我還在努力。」黑兔先生答道。

「如果方向錯了，再努力也是無用的。」企鵝先生說道。

「您覺得我的方向有問題嗎？現在很多教理財的老師說他們很早就開始理財了，我正準備存錢去跟老師們深入學習呢。嘿嘿！」黑兔先生笑著說道。

「沒有問題，但走這條路只會讓你過得很平庸，無法獲得真正的財富，成為富人。」企鵝先生淡淡地說道，他突然想起老師豬博士當年也是這麼對自己說的。

「為什麼？」黑兔先生不解地問道，顯得有點不耐煩。

鼴鼠小姐一直在聽他們的談話，看到年輕的黑兔先生有點不高興了，她馬上接話道：「我來解釋一下吧！首先，成家和立業並不矛盾，好的家庭也是良好事業的基石，能夠成為你奮

鬥的動力，可以讓你的事業更成功；其次，理財的重點是家庭理財，尤其對於有一定資產累積的中產家庭，他們既有向富裕家庭發展的動力，也有恐懼變成窮人的壓力，做好家庭理財對他們尤為重要；最後，年輕人或資產較少的家庭的關注點更應該放在如何賺錢上。」

「可是很多教理財的書籍和老師都說，理財要趁早啊！我該聽誰的呢？」黑兔先生有點為難了。

「誰的也不聽，只聽你自己的。很多聽起來對的話，做起來可不一定對，因為對的事情是相對的，而非絕對的，你仔細體會一下吧。」鼯鼠小姐說道。

「您能舉個例子嗎？我不是很明白。」黑兔先生問道。

「比如，理財要趁早，這句話是對的。但如果你把很多精力花費在理財上，那思考如何賺錢的時間就少了。你雖然可以獲得正確的理財觀念，卻錯失了很多賺錢良機。這句話正確的說法應該是，對年輕人來說，理財要趁早，但賺錢更重要，因為賺錢是『攻城』，而理財是『守城』呀。」鼯鼠小姐說得很誠懇。

「我明白了，我把順序搞反了，理財是很重要，但前提是有財可理，而我花高價學理財，就相當於幫那些理財老師們賺錢了，我之前怎麼沒有想到呀！」黑兔先生徹底明白了。

「不過，我要提醒一點，年輕人，尤其是單身的年輕人，也不要因為只想賺錢而不去學理財。年輕的時候，賺錢的思維

## 年輕人理財的動力與壓力

年輕人理財的重點是家庭理財，對於有一定資產累積的中產家庭，
他們既有向富裕家庭發展的動力，也有恐懼變成窮人的壓力。

應該占 80%，理財的思維占 20%；建立了家庭，有了更多的責任並逐步步入中產後，賺錢的思維應該占 20%，理財的思維占 80%。」鼯鼠小姐又補充說道。

「那我還是應該好好學習一下理財吧？畢竟要提前準備，而且那些理財老師看起來也很成功。」黑兔先生若有所思地說道。

「學習理財和學習別的知識不太一樣，即使老師再成功，你也要自己去做，因為理財是很個性化的。」鼯鼠小姐耐心地說道。

鼯鼠小姐的意思是：光靠聽課是學不會理財的，要「做中學」，即在實踐中才能真正學會理財。老師再成功，也只能帶你走一段路，而剩下的路，只能靠你自己來走。

她給黑兔先生的建議是：可以學習橡樹國經濟學院的理財課程，而不是社會上的那些高價收費課程，因為很多高價收費課程往往在宣傳上言過其實，但不能幫助學員獲得真正有用的知識；同時，開始適當進行小額投資理財，如購買基金等，逐步瞭解理財相關知識；此外，年輕人的理財重點其實應該是強制儲蓄，養成合理收支的消費習慣。強制儲蓄為的是將來有機會投資或創業。

黑兔先生向鼯鼠小姐表達了謝意，他說：「看來我差點『誤入歧途』啊，認識您太有幸了，將來一定向您好好學習。」

鼯鼠小姐愉快地答應了，她總是那麼熱心，願意幫助別人。她對黑兔先生說：「其實理財知識並不神祕，往往就是我們生活中的一些常識，但正是因為這樣，理財知識才容易被多數人所忽視。用老師的話講，『真正的理財知識經常打扮得很簡樸，即使它站在人們面前，很多人也不會在意它』。」

　　兔子大嫂聽到了他們的談話，笑著對黑兔先生說：「你找他倆學理財就找對人啦，尤其是鼯鼠小姐，她可是咱們橡樹國首屆理財大賽的冠軍啊……」

　　鼯鼠小姐聽到兔子大嫂的話，不禁想起了一件十年前的往事。

　　橡樹國的理財大賽每兩年舉辦一次，當年鼯鼠小姐和企鵝先生初到橡樹國，正好趕上第一屆理財大賽。橡樹國原來一直以發展漁業和農業為主，但十幾年前有人在領海發現了豐富的石油。因為石油，大家一下子富裕了起來，但也存在很多奢侈浪費的行為。為了讓橡樹國能永遠富強，讓國人能養成節儉的生活習慣，國王下令舉辦理財大賽，並讓橡樹國經濟學院的院長豬博士來負責大賽事宜。

　　豬博士在經濟方面頗有建樹，他精通家庭理財，個人資產也很多，在橡樹國很有威望。豬博士確定了首屆大賽的主題──「什麼是真正的節儉？」，大賽將依據參賽者在演講中獲得的票數來確定名次，冠軍將得到國王的嘉獎和一筆獎金。

　　那時的企鵝鼯鼠夫婦還在為「吃飽飯」而打拚。聽說有獎

金，這對剛建立家庭的小夫妻動了心。

鼯鼠小姐說：「親愛的，你去報名怎麼樣？演講的內容我可以幫你寫，要是能成為冠軍，不光能見到國王，還能得到一筆獎金，你知道這對我們很重要！」

企鵝先生一時語塞，慢吞吞地說道：「我可以試試，你知道我不怕吃苦，但就怕演講，尤其是要面對這麼多居民演講，我……就是嘴太笨了……唉！」

最後，他倆商量的結果是一起報名。

大賽分兩輪，第一輪是面對評委演講，獲勝後將面對全國居民演講。企鵝先生第一輪就被淘汰了，他太緊張了，冷汗直流、語無倫次，評委們都在搖頭，根本聽不清他在說些什麼。鼯鼠小姐本來是想讓企鵝先生獲勝的，自己來只是為了鼓勵丈夫，但現在只能硬著頭皮上場了。幸好鼯鼠小姐對節儉的理解還是很透徹的，這要歸功於她的父親鼯鼠老爸——一個普通的鄉村老人。正是這個樸實無華的老人教給了她很多節儉竅門，使鼯鼠小姐對節儉產生了正確的認識。所以，鼯鼠小姐一直覺得，有些智慧不光體現在城市裡的那些成功人士身上，也可能藏在某個普通的鄉村老人的大腦裡。用鼯鼠老爸的話講：「生活本身就蘊藏著無數智慧。」

鼯鼠小姐是第一次演講，內心也不免有些緊張，尤其還要面對一群專業的評委。但當她看到觀眾席裡企鵝先生關切的目光時，她平靜了許多。

很快，嘈雜的會場安靜了下來，大廳的燈光也變暗了許多，一束光照亮了演講台。演講桌擺在演講台的一側，上面還放了一個裝滿鮮花的大花籃及一個帶有理財大賽標誌的金色麥克風。

鼴鼠小姐緩步走到演講桌前，拿起麥克風，說道：「各位評委、各位參賽者，大家好。我是剛剛來到橡樹國定居的鼴鼠小姐，很高興能有機會和大家分享我的理財觀念。我演講的題目是，節儉是為了生活得更好！」

這時台下居然響起一陣掌聲，接著是一片掌聲。鼴鼠小姐看到，第一個鼓掌的是企鵝先生，隨後其他參賽者也跟著鼓起了掌。

鼴鼠小姐繼續說道：「節儉是一個人寶貴的生活經驗，是對生活有正確理解後做出的明智之舉，也是對美好生活的正確回饋。我們應該珍惜我們所獲得的一切，而不是在獲得後隨意揮霍與浪費。一個家庭節儉，就可以讓這個家庭幸福長久；而一個國家節儉，就可以讓資源得到有效利用。」

鼴鼠小姐環視了一下坐在前排的評委，發現他們原本嚴肅的表情好像變得輕鬆了許多，雖然他們還在盯著自己，但鼴鼠小姐突然覺得，自己好像沒有剛開始那麼緊張了。

鼴鼠小姐用平靜而溫柔的聲音說道：「橡樹國是一個美麗的國家，我來到這個國家後，最深的感觸就是，這裡的居民大都很善良，也保持著節儉的生活習慣。當然，我也看到了一些

人的浪費行為，我想這就是國王舉辦此次大賽的原因所在。但什麼才是真正的節儉呢？我和前面幾位參賽者的觀點不同，我認為節儉不是簡單為了省錢，因為過度節儉也是一種浪費。」鼴鼠小姐停頓了一下，接著說道：「節儉其實只是表象，而生活才是本質，如果一味地履行節儉，生活就失去了樂趣。我父親在我很小的時候就告訴我了一個道理——『節儉就是有智慧地生活』，簡單的物質生活通常會讓人的精神世界更豐富。他還告訴了我一個叫『物累』的概念，買很多東西看似會讓人歡喜，但其實會分散人的精力，讓人無法體會到生活真正的樂趣。」

一位評委突然打斷了鼴鼠小姐的演講，他說道：「請問鼴鼠小姐，你說不買東西體會不到生活的樂趣，但又說東西買多了就會導致『物累』，這兩種說法不矛盾嗎？」

鼴鼠小姐平復了一下心情，她拿著麥克風走到了演講台的中央，看著那位坐在中間位置的評委說道：「您說得一點兒都沒錯，這的確是一對矛盾，但能找到二者的對立統一點，就是一種人生智慧了。要知道，一味省錢，只會讓生活變得沒有顏色，即使富有，也只是擁有很多錢的『窮人』罷了；而如果一味消費，當金錢很快耗盡後，這種消費帶來的快樂也會消失得無影無蹤。因此，那些靠消費堆砌出來的快樂並不牢固。也就是說，依據最簡的生活標準來消費，才是真正的節儉。」

全場又響起一陣掌聲，聽得出來，這次的掌聲比剛才熱烈

了許多。鼴鼠小姐心想，這一定又是企鵝先生在支持她。她朝坐在評委席後面的企鵝先生那邊望去，果不其然，企鵝先生已經站起來了，而且正在督促旁邊的猴子大哥們一起鼓掌呢。

鼴鼠小姐笑著說：「非常感謝大家的掌聲！節儉的前提是樹立屬於你的最高生活觀念，我宣導最簡的生活，但這並不意味著我不去買東西，正好相反，我覺得好東西是一定要買的，但要做到儘量少買、精買。我父親曾告訴我一個生活經驗，就是當你想買一件物品時，不光要看它好的一面，還要看自己能否接受它不好的一面。比如有的人本來可以買一輛普通的汽車來代步，卻依據個人喜好買了高檔汽車。為了保護這輛高檔汽車，他們幾乎很少開車，甚至擔心下雨把車淋壞，一家人還要定時到門口值班，防止汽車被不懂事的小孩損壞。大家說，這和他們的本意是一樣的嗎？」

台下的人回答道：「不一樣！」

鼴鼠小姐接著又問：「這不是『物累』，又是什麼呢？」

台下又有人大聲說道：「就是『物累』，沒錯！」

鼴鼠小姐笑著說道：「謝謝大家的回應！我想給我們這些明白生活真諦的橡樹國人一些掌聲！」

這次的掌聲更加熱烈了，剛才那位提問的評委還不時回頭觀望。他推了推架在鼻子上的金絲眼鏡，把目光又投向了鼴鼠小姐。

鼴鼠小姐感到自己突然有了很多想法，它們從自己的腦海

中冒了出來。鼴鼠小姐已經完全放鬆了，甚至開始喜歡在台上演講了。她想了想，繼續說道：「節儉其實還意味著要制訂計畫。你要有計劃地購買，對比性地選擇，並儘量減少不必要的消費，堅持精買必要物品。為了落實這個計畫，我們應對家裡的各種生活物資的數量和經濟情況了然於胸，比如家裡的米還能吃多久，買的菜還能存放多久，我們的錢還能花多久等。我們必須做到心中有數，做到合理統籌分配，按照生活的需求來消費和購買……」

鼴鼠小姐又舉了許多生活中的例子，並慢慢走回演講桌的位置，她說：「看起來金額相同的錢，其實是完全不同的，這和人們賺錢的方式有關，比如有的人賺錢容易，而有的人卻很難。而且人們對花錢的態度也不同，根據對錢的態度不同，人可以分為三類，一類是節儉的人，一類是吝嗇的人，還有一類是浪費的人。節儉的人追求性價比高的商品，不會過度消費，只會購買最合適的商品，以保證生活的舒適性；吝嗇的人無論是該花還是不該花的錢，都不會花，完全不管生活的需要，只會一味省錢並愛占小便宜，因為占小便宜在他們眼中也是省錢；浪費的人則正好相反，他們對金錢的感覺並不強烈，對價格也不敏感，他們同樣沒有明白金錢的真正價值和生活的真諦。」

鼴鼠小姐問道：「大家說，我們應該做一個什麼樣的人呢？」

大家齊聲說道：「節儉的人！」

鼴鼠小姐笑著說：「說起來容易，但做起來可並不容易啊！即使我們今天暫時明白了，今後也還必須持續的實踐並且思考。我最後總結一下，要想真正做到節儉，首先要規劃自己的生活，客觀合理地看待自己的欲望和需求，我宣導的最簡生活模式，大家也可以參考；其次，要對自己的物資儲備和資金狀況相當瞭解並做好購買計畫，避免浪費或不足；最後，大家也要注意在生活中避免攀比消費和欠缺思考地盲目跟風等。希望大家都能做節儉生活的實踐者和傳播者，讓橡樹國的居民都能學會智慧生活。也祝願我們的橡樹國越來越繁榮，橡樹國的居民越來越幸福！」

鼴鼠小姐再次走到演講台中央，深鞠一躬後說道：「謝謝大家的聆聽，我的演講到此結束。」

此時的台下，大家都站起來了，並發出雷鳴般的掌聲。人群中，企鵝先生跑上演講台，給了鼴鼠小姐一個深情的擁抱，全場的掌聲更加熱烈了。

評委席中突然傳來一個低沉、略帶磁性的聲音：「鼴鼠小姐，你講得非常不錯，希望你能在下一輪向全國的居民演講，恭喜你！」剛才聚光燈只照亮了演講台，此時會場的燈都亮了起來。鼴鼠小姐看到講話的正是剛才打斷她演講的那位評委，他皮膚黝黑，戴著一副金絲眼鏡，在光線的照射下，顯得很有精神，他的評委席座位牌上寫著三個大字：「豬博士」。

鼯鼠小姐果然不負眾望，在隨後的全國演講中發揮得更加出色，最後獲得了橡樹國首屆理財大賽的冠軍。在頒獎晚會上，國王親自接見了她，給她頒發了獎牌，並送給她一本紅色的理財日記，希望她能將自己的故事寫在裡面，以幫助更多的人。這本日記紅色封面上的字是金色的，並且配有一把黃銅做的精緻密碼鎖。這本日記不光可以用來寫日記，裡面每一頁的頁眉處都有橡樹國經濟學院院長豬博士寫的理財祕笈。鼯鼠小姐非常喜歡這本日記，她如獲至寶地摸著本子，陶醉得甚至差點忘記去領那筆冠軍獎金。

居民們給鼯鼠小姐送了許多鮮花，以感謝她的精彩演講。豬博士也親切地握著鼯鼠小姐的手說：「孩子，我沒有看錯你啊！當時我還打斷你的演講，請你見諒。」

鼯鼠小姐忙說：「豬博士，您客氣了！只要能得到您的肯定，無論您打斷多少次，我都願意。」鼯鼠小姐心裡有點激動，要知道這可是橡樹國鼎鼎大名的豬博士，是這裡最具智慧和聲望的人。

「孩子，我看你這麼年輕，但懂得的道理卻很深刻，這些你都是從哪裡學來的呀？」豬博士問道。

「我父親教給我的，從小他就這麼教育我們姐妹。」鼯鼠小姐忙說道。

「真是一位了不起的父親。我看你在參賽資料上寫著，你來自寶石國。」豬博士說道。

「是的，我在那裡出生，剛和企鵝先生來到橡樹國。」鼯鼠小姐說道。

「寶石國是一個古老的國家，那裡有很多獨特的智慧。你知道嗎？我們算是老鄉啦！」豬博士又習慣性地往上推了推眼鏡，看著鼯鼠小姐說道。

「是嗎？怎麼會？」鼯鼠小姐驚訝地說道。

「是的。我出生在寶石國，但成長在橡樹國，那裡還有我的很多親戚呢！」豬博士笑道。豬博士平時很嚴肅，但此刻鼯鼠小姐覺得豬博士十分和藹可親。

「豬博士，我有個請求，請您一定要答應！」鼯鼠小姐看著豬博士，語氣誠懇地說道。

「孩子，你說，只要是合理的請求，什麼我都答應啊！哈哈！」豬博士笑著說道。

「我想做您的學生，請您答應吧！」鼯鼠小姐說道。

「沒問題，我也很高興能收你這個『冠軍學生』呢！這樣吧，這個月我很忙，等到了下個月的今天，你帶上你的家人來我家做客怎麼樣？」豬博士說道。

「好的，一言為定！」鼯鼠小姐和豬博士握手道別。她找到人群中正在侃侃而談的企鵝先生，說道：「親愛的，我們回家吧！我發現你的演講能力也提升不少啊！」

企鵝先生紅著臉說：「我只能在台下演講，但到了台上就不行啦！不過，我真為你感到高興，你的演講太棒了，打動了

這裡的所有人。」

「謝謝，我也看到了你為我所做的，演講成功也有你的功勞呢！獎金我們一人一半。」鼴鼠小姐說道。

「那不行，獎金全都歸你，這是你的功勞。再說了，你給了我，我不知又要花到哪裡去了。」企鵝先生說得沒錯，他有一些不夠節儉的小毛病，這也是他聽完鼴鼠小姐的演講後感覺自己需要改正的，而這也為他日後的成功奠定了堅實的基礎。


## 本章小結論

1.  年輕的時候，賺錢的思維應該占 80%，理財的思維占 20%；建立了家庭，有了更多的責任並逐步步入中產後，賺錢的思維應該占 20%，理財的思維占 80%。

2.  簡單的物質生活通常會讓人的精神世界更豐富。相對的，買很多東西看似會讓人歡喜，但其實會分散人的精力，讓人無法體會到生活真正的樂趣，這就叫做「物累」。

3.  想買一件物品時，不光要看它好的一面，還要看自己能否接受它不好的一面。

4.  節儉其實還意味著要制訂計畫。要有計劃地購買，對比性地選擇，並儘量減少不必要的消費，堅持精買必要物品。

Chapter 3

# 豬博士的邀請函

請你帶著以下問題閱讀：

1. 你是想要累積一筆資產，還是想要變成富人？
2. 有人說成功也要靠運氣，那是什麼意思呢？成功與運氣有關嗎？
3. 想要變得更聰明，應該如何思考？

第一次去豬博士家是在理財大賽結束一個月後。

　　直到和豬博士約定的日子快到的時候，鼴鼠小姐才突然發現自己當時居然忘記要豬博士家的地址了。正當鼴鼠小姐煩惱的時候，卻突然收到了一封郵局的掛號信。她打開信封一看，居然是豬博士寄來的一封邀請函。

　　邀請函上面寫道：「親愛的鼴鼠小姐，你好！我是豬博士，歡迎你帶上你的家人來我家做客。三日後上午 10 點，我將派我的管家大黃先生開車去接你們。非常期待你們的到來！」

　　三日後上午 10 點，一輛嶄新的黑色加長豪華轎車停在了鼴鼠小姐家的樓下，當時鼴鼠小姐和企鵝先生初到橡樹國，還租住在市區一棟簡易的樓房裡。司機大黃先生是一隻金毛犬，他戴著司機帽，穿著一身藍黑色的西裝，戴著一副復古墨鏡，顯得很酷。大黃先生請鼴鼠小姐和企鵝先生上車後，就一陣風似的開車向豬博士的家駛去。

　　橡樹國三面環山，一面臨海。豬博士的家在南面的山上，和鼴鼠小姐後來的新家所在的北山不同，這裡沒有成片的橡樹林，只有零星的幾棵散落在這片土地上，但它們的個頭明顯是「巨人型」的，樹齡有的高達上萬年。大黃先生告訴鼴鼠小姐，車程大約為一個小時，但實際需要一個半小時，因為豬博士的家非常大，從山下的大門到山上的宴會廳還需要開半個小時，畢竟是山路，開車的速度會慢許多。鼴鼠小姐和企鵝先生

對視了一下，他們都吃驚地睜大了眼睛、張大了嘴巴。鼴鼠小姐心想：「怎麼有人的家會這麼大！簡直不可思議。從大門口到宴會廳需要半個小時的車程，那豈不是整座山都是自己的！這和我們夫妻倆那僅夠生活的幾十平方公尺的臨時小屋，簡直就是天壤之別啊！」

大黃先生見他們夫妻二人都不說話，便放起了輕音樂，是一首優美的古典吉他曲。這可是企鵝先生的最愛，他很快就沉浸在這美妙的音樂中了。鼴鼠小姐則把目光投向窗外，在音樂中欣賞著沿途的風景，畢竟她才剛剛來到這個國家，這裡的一切對她來說都是陌生與新鮮的。

輾車在城市筆直的大道上飛奔，一路暢通無阻。當車漸漸駛離市區，兩邊的高樓大廈少了，取而代之的是一排排整齊的果樹。當時正值金秋，各色的果實掛滿了枝頭，沉甸甸的，把樹枝都壓彎了。

鼴鼠小姐高興地推著企鵝先生的胳膊，說：「親愛的，快看，原來這裡有這麼多種類的水果啊！」鼴鼠小姐是名副其實的「水果女王」，她最愛的就是這些琳瑯滿目、連企鵝先生都叫不出名字的水果。

企鵝先生也高興地說：「是的，我們來這裡住，真是來對了。這裡既有我愛吃的魚，也有你愛吃的水果，以後我天天給你買水果吃！」

大黃先生把自己一側的車窗降下來一些，好讓外面的新鮮

空氣進入車裡。鼴鼠小姐就坐在大黃先生的後面，頓時覺得水果的香味已充斥車內。

大黃先生說：「今天豬博士請了那次大賽的所有參賽者，也準備了美味的水果，只可惜我們家族對很多水果過敏，所以我無法為您詳細描述。」

「是嗎？豬博士真是個有心人。」鼴鼠小姐說道。

「是的，豬博士的家族對國家而言是有功之臣，連國王對他們家的人都是非常尊敬的。」大黃先生說道。

「我感覺到了，這裡的人都很愛戴豬博士。」鼴鼠小姐說道。

「嗯，是的。豬博士的可敬之處，不光是他的家族有功，更在於他透過發展經濟，讓橡樹國繁榮起來，而且他藉由親身實踐，讓自己和很多追隨者也都富裕起來了。」大黃先生說道。

「他不是靠繼承祖先的財富而成功的嗎？」鼴鼠小姐好奇地問道。

「不是。豬博士的祖輩很早就來到這裡，他們家族曾經輝煌過，但也曾沒落過，是豬博士復興了自己家族的事業，而現在他醉心於教育事業，國王多次邀請他擔任政府要職，他都拒絕了，他絕對是一位非常了不起並值得信任的人物。」大黃先生說得沒錯，他已經追隨豬博士十幾年，是豬博士最信任的管家，今天也是豬博士特別安排他來接本屆理財大賽的冠軍鼴鼠

小姐，別的參賽者則由大黃先生的下屬負責接送。

鼴鼠小姐看了看車上的表，已經快 11 點了。

這時，他們的面前出現了一座大山。山不是很高，但有很多山峰，山峰上的樹林深處隱約有各類風格迥異的城堡。

「這就是豬博士的家吧？」鼴鼠小姐問道。

「是的。這裡一共有七座山峰，其中五座是豬博士的家，另外兩座原本也是國王賞賜給豬博士的，但豬博士沒有要，而把它們分別修建成了度假飯店和人造滑雪場。豬博士的想法是，將來要把這裡還給國家。他說世界上最好的東西一定是屬於大家的，只是國王的盛情難卻，他不好拒絕。」大黃先生邊說邊把自己和副駕駛位兩側的車窗又降下來些。

「拐過這個彎，就到博士家啦！這裡的空氣很清新，我也會開慢些，你們可以看看這裡的景色啊！你看，前面那棵大橡樹，已經有一萬多歲了，也是咱們國家樹齡最高的橡樹。」大黃先生將車頭轉了過來，指著前面的一棵大樹說道。

在這棵大橡樹面前，車就像一隻小甲蟲。這棵橡樹最少也有幾十公尺高，樹幹估計幾十人都合抱不過來。鼴鼠小姐感覺自己進入了一個巨大的橡樹王國，她透過車窗，仔細地看著這棵參天大橡樹，不禁嘖嘖稱讚：「怪不得叫橡樹國啊！」

大橡樹的後面就是入山的大門了，在他們的車即將到達時，大門就自動打開了。大門的設計很獨特，它不是普通的鐵門，而是一排銀色的鐵柱，從地下延伸向上，看似簡單，卻很

實用。在這些鐵柱縮回地面後，他們的車便可順利通過了。

企鵝先生原本就是一個「科技迷」，看到這設計巧妙的大門，他對豬博士更加敬佩了。

大黃先生繼續說：「豬博士不光懂經濟、會理財，還愛好科技與環保。這裡沿途是沒有一盞路燈的，但到了晚上，地上的石板都會發光，你們有機會晚上來的話，一定會以為自己進入了一個童話世界呢。」

企鵝先生更加嚮往豬博士的家了，坐在一旁的鼴鼠小姐看到這裡，心裡不免有點想笑。要知道，企鵝先生來這裡的目的原本只是陪鼴鼠小姐，他故步自封，向來是誰也不服的，這讓鼴鼠小姐很傷腦筋，因為要想讓企鵝先生有絲毫改變，從來都是很難的。很多時候他們都是以爭吵來解決問題，但鼴鼠小姐知道，丈夫的妥協只是出於對自己的愛，而非他真正認識到自己的不足。

宴會廳坐落在靠北邊的那座較低的山峰上。汽車停在了宴會廳的大門口，一條紅色的地毯從下車處一直鋪向屋內，地毯的兩旁是盛開的各色鮮花，這裡像是鮮花的海洋。

大門的一側停了大約十幾輛這樣的汽車，看來其他的受邀人員已經到了。門口站著很多人，他們正圍著一對老人有說有笑。鼴鼠小姐一眼就看出那對老人正是豬博士夫婦。

她拉起丈夫企鵝先生的手，飛快向門口跑去。

「嗨！看誰來了，我們的理財冠軍，哈哈！就等你們

啦！」說話的是當時一起參賽的喜鵲小姐。

鼯鼠小姐看到來賓有兔子大姐、松鼠小姐、羊駝公子、猴子大哥、公雞先生、斑馬公子、燕子小姐、灰鴿女士、孔雀公主和小象王子等，加上他們的家人，現場的來賓有二十幾位。

鼯鼠小姐跑過去和大家一一握手，最後來到了豬博士夫婦面前。鼯鼠小姐激動地握著豬博士的手，說：「太感謝您的邀請了，感謝您讓我感受到這一切。」

「傻孩子，忘了咱們是老鄉啦！你還是理財大賽冠軍，這是你應有的待遇，我夫人還特地為你們準備了大餐，待會兒一定要好好品嘗啊。」豬博士笑著看向夫人。

「早聽說有這麼一位聰明伶俐的小鼯鼠，今天終於見到了，果然很機靈啊！的確配得上冠軍的稱號。待會兒多吃點，我做了很多好吃的呢！哈哈！」豬博士夫人拉著鼯鼠小姐的手笑著說道。

「見到您，我也很高興！怪不得豬博士如此成功，原來是有您這位賢內助啊！我得多向您學習呢！嘿嘿！」鼯鼠小姐也笑著說道。

「對了，鼯鼠小姐，你的丈夫來了沒有啊？」豬博士問道。

「來了，他不太愛說話，尤其不善交際，不過他是個踏實肯幹的好人，您待會兒可要多開導開導他呢！」鼯鼠小姐邊說邊把企鵝先生介紹給豬博士夫婦。

企鵝先生突然感覺自己的舌頭好像打了結一樣，變得不聽使喚了，自己的雙手和雙腳也像灌了鉛，變得十分僵硬。他吞吞吐吐地說：「豬博士、夫人……好！」

企鵝先生出生在冰天雪地的南極國，那裡漁業資源豐富，但缺乏其他的資源，企鵝們已經習得了應對嚴寒環境的各種本領，但都多少有點社交恐懼症，畢竟通常只與熟悉的家人朋友待在一起，和陌生人見面的機會很少。那時，鼯鼠小姐總認為他們很冷酷，對他們並無好感。要不是一次意外的遭遇，她還不瞭解自己的丈夫企鵝先生其實是一個外表冷酷、內心火熱的人，她當初還把企鵝先生戲稱為「南極人」，但現在他們是最默契的伴侶。

豬博士夫婦顯然被企鵝先生呆呆笨笨的形象和支支吾吾的談吐逗樂了，豬博士搶先說道：「企鵝先生，歡迎你！千萬不要拘束，就把這裡當成你們的家吧，你們在橡樹國的另一個家，以後你們可以常來。要知道，在這個國家還能見到老鄉，可是一件大喜事。」

「知道！明白！謝謝您和夫人！謝謝！」企鵝先生受寵若驚，只知道一個勁兒地道謝。

鼯鼠小姐忙拉著丈夫的手，說：「我們進去看看有什麼可以幫忙的。」

豬博士笑著說：「好的，你們先進去參觀一下，12 點準時到二樓的宴會廳。還有幾位朋友沒來，我們再等一會兒就進

去。」

　　豬博士等的人其實是大賽的那些評委，他們都受到邀請來參加這次宴會。

　　鼴鼠小姐拉著企鵝先生走進一樓大廳，大廳的正中央放著一架白色的鋼琴，斑馬和羊駝兩位公子正在那裡上演二重奏，優美的鋼琴聲在大廳裡迴盪。正對大門的是一面巨大的淡綠色玻璃牆，外面的光線正好照入大廳。隔著玻璃牆，鼴鼠小姐看到一架直升機降落在草坪上，從直升機上走下來的正是那些評委，他們也都是橡樹國有頭有臉的人。豬博士和他們熱情地打過招呼後，就向玻璃牆這邊走來，原來這面玻璃牆竟是可以自動打開的隱形大門。

　　鼴鼠小姐知道，宴會就要開始了，她拉著企鵝先生向二樓走去。

　　那日的午餐，是企鵝鼴鼠夫婦吃過的最豐盛的一餐。席間，鼴鼠小姐將口才發揮到了極致，再次給那些評委留下了極為深刻的良好印象。

　　用餐完畢後，豬博士對鼴鼠小姐和企鵝先生說，希望他們等一下，等送走這些客人後，有話要對他們講。沒過多久，豬博士回來了，他對企鵝先生和鼴鼠小姐說道：「剛才人太多了，很多話不便細說。不知你們用餐完畢了嗎？」

　　「吃完了，吃得很飽，太感謝您的盛情款待了。」鼴鼠小姐忙說，企鵝先生也點頭表達了謝意。

「是這樣的，你們都是好孩子，現在都很年輕，我也有很多話想對你們說，你們願意在這裡住一晚嗎？晚上我們共進晚餐，我還想帶你們看看很多好玩的地方呢！」豬博士笑著說，眼神流露出善良與真誠。

「那再好不過了！」企鵝先生說道，幾乎同時，鼴鼠小姐也說道：「那多不好意思，太打擾您了吧！」

「哪裡的話！這裡雖然很大，但人太少，孩子們也都在城裡工作或國外留學，我們夫婦也希望你們能經常來做客呢！哈哈！」豬博士說道。

晚餐時，豬博士問鼴鼠小姐：「你知道自己為什麼會獲勝嗎？」

鼴鼠小姐表示並不清楚，只是把自己的理解說出來罷了。豬博士卻說：「你知道嗎？你的那句『節儉是為了生活得更好』，已經成為橡樹國居民的一句至理名言了。你把大家的關注點從單純的節儉省錢，轉移到了對生活的合理安排上，這不光對居民的個人家庭有益，對國家也是一種貢獻呢。為此，國王還多次誇獎過你呢！他說，『要是每個橡樹國人都能這樣理性消費、智慧生活，那橡樹國將來一定會更加美好的』。」

「國王也誇我了嗎？太好了！」鼴鼠小姐高興地說道。「是的。不過，演講畢竟只是『紙上談兵』，來自生活的真正考驗才剛剛開始。大自然會獎勵那些通過考驗的人，雖然我可以直接幫助你們，但我不能這麼做，否則我就違背了大自然的

本意，因為經過奮鬥而取得的成果才是最珍貴的。不過我可以從側面幫助你們。下個月的今天，還是同一時間，我會讓大黃先生接你到經濟學院上課，希望你能完整地上完我的三堂理財課，將來一定會有用的。」豬博士很認真地說道。

「三堂理財課，好的，我記住了，請您放心，我一定用心學！」鼴鼠小姐的眼眶濕潤了，初來橡樹國的他們其實生活得並不順利，也受到了不少冷遇，今天能碰到一位真心願意幫助他們的人，且對方的地位又是如此之高，讓她不禁喜極而泣。

「孩子，你有一個好父親，還有一個好丈夫，有什麼難過的呢？晚上我帶你們四處轉轉，這裡還有很多好玩的地方呢！哈哈！」豬博士笑著說道。

企鵝先生也感觸頗多，他聽到豬博士誇自己，也壯著膽子對豬博士說道：「豬博士，我有一個問題想問您！」

豬博士眯著眼，看著企鵝先生，笑著說道：「我看你一直都沒說話，也不知你今天玩得開心嗎。有什麼問題就問吧，不必太客氣了。」

企鵝先生慢吞吞地說：「我也想讓鼴鼠小姐過上您這樣的生活，我該怎麼做呢？」

「那只有去創業才行，光是領他人薪水是永遠也實現不了的！」豬博士回答道。

「該選擇什麼行業才會像您這麼成功呢？」企鵝先生又大聲問道。

「選擇自己喜歡的！從事任何行業其實都有可能成功！」豬博士答道。

「我沒經驗怎麼辦？我怕自己做不到啊！」企鵝先生把心裡話全說出來了。

「那就去想創業的行業工作，累積經驗。記住，想成功，就永遠不要說自己做不到，而要想想怎麼做才能辦到！」豬博士說道。

「明白了，但我們現在的經濟情況不太好呢！」企鵝先生又說道。

「那就得先從節儉開始了，先要存一筆錢才行。這雖然是常識，但也是你實現財富自由的必經之路，這個過程也會幫助你重新認識金錢。具體的方法，我都會教給鼴鼠小姐的。而你，就要學習創業的知識了。」豬博士說道。

豬博士還告訴企鵝先生，當上班族也可以致富，但要想變得更加富有就得去創業了。而創業也需要制訂計畫，豬博士還拿門口的那棵萬年大橡樹舉例，因為再大的樹都是從一粒很小的種子成長起來的，一個企業的使命就好像這粒種子的DNA，企業和樹一樣，要先生根再發芽成長。世界上很多成功的人，都是在很小的時候就立志要做一番大事業的，可見計畫制訂得越早越長遠，計畫的力量就越大。

企鵝先生按照豬博士的建議，給自己未來的企業做了個「十年計畫」，包括種子年、生根年、扎根年、破土年、成苗

年和成材年等。

　　企鵝先生對豬博士說：「太感謝您了！我想，鑒於目前的狀況，我們還是應該先做好眼前的事情，再工作幾年以累積行業經驗，然後積極做好理財，藉此累積一些財富。等待機會成熟後，我們將開始創業的人生，像您一樣做一番大事業。」

　　一旁的鼴鼠小姐看到自己的丈夫終於邁出了第一步，敢於和比自己更成功的人交往了，她非常感動。鼴鼠小姐知道，這對企鵝先生來說是何等重要，因為一般的人是很難讓「執著」的企鵝先生有絲毫改變的。

　　企鵝先生也很激動，他打開了話匣子，繼續說：「老師，不瞞您說，我們現在的狀況其實並不好，可以說我們還在山谷裡，我不知道自己有沒有能力讓狀況好轉，我也非常痛苦，不知該如何是好。」

　　「你確信自己在山谷裡嗎？那要恭喜你了！哈哈。」豬博士微笑著說道。企鵝先生一頭霧水，不知該怎麼接話。

　　「你想想，如果一個人正在山谷裡，那他們面對的就只有向上走的路，而當他到達山頂的時候，就只能向下走了。也就是說，人在低谷的時候，其實已經開始準備成功了，而人走到山頂的時候，就往往離失敗不遠了。你明白了嗎？」豬博士說道。

　　「我明白了，您是說要想成功，就必須要行動起來。如果我因為自己在山谷裡就灰心失望而不去行動，那麼我就會永遠

在山谷裡了。」企鵝先生說道，不難看出他的悟性也很高。

「是的，只有走出山谷，才能收穫經驗和財富；如果走不出來，就只能繼續在山谷裡經受磨難啊。」豬博士說道。

「我該如何走出來呢？我現在還在當上班族，離獲得創業所需的資本還有很長的距離。」企鵝先生喃喃自語。

「創業是一條可以讓人變得富有的道路，但並不一定適合每個人，而且你要問自己到底是不是真的想變得富有。」豬博士又說道。

「難道有人不想變得富有嗎？」企鵝先生是個有追求的人，他對別人並不瞭解。

「是的，有些人不想變得富有，現實也證明了這一點，你可能會說，那是因為他們缺少機會，但真相是他們並不想真正變得富有。」豬博士說道。

「怎麼會呢？不太可能吧！」企鵝先生問道。

「他們心裡都不想致富嗎？我可是全心全意想致富呢！」企鵝先生笑道，但心裡卻有一絲酸楚。

「我問你一個問題，你為什麼要致富？」豬博士問道。

「我想給我的家人好的生活，所以我得賺很多錢。」企鵝先生堅定地說道。

「賺多少錢？你準備怎麼安排這筆錢呢？」豬博士繼續問道。

「這個我還沒想過呢！」企鵝先生也發現自己的想法太簡

# 人生奮鬥的過程

人在低谷的時候，其實已經開始準備成功了；
而人走到山頂的時候，就往往離失敗不遠了。

單了，甚至心裡還飄過一絲疑問：「難道想想就會實現嗎？怎麼可能呢！」

豬博士已經看出他的不自信了，說：「你聽說心想事成嗎？不過想要心想事成，關鍵是怎麼想，也就是要相信自己相信的力量。當一個人還沒有想好錢的用處時，大自然是不會給他錢的，但這其實也是對他的一種保護。我不知道我這樣講，你能不能理解。」

企鵝先生愣在那裡，居然一時說不出話來，他的眼裡已滿含淚水。對於一個初來橡樹國「橡漂」的青年，他正經受著生活的歷練。他一直認為自己不能成功是因為沒有機會和運氣不好，從來沒有想到還有自己的原因，他很自責為何沒有想到這點。

豬博士的內心一陣惻然，他想起了自己年輕的時候也是這樣的懵懂無知，他關切地看著企鵝先生，說：「孩子，這不怪你，因為你還年輕，你還不懂得如何借助大自然。你要想變得成功與富有，就要敢於向大自然『要』。」

企鵝先生愣了一下，然後問道：「向大自然要？什麼是大自然？不是應該向自己要嗎？比如勤奮讀書、努力工作。」

「那樣只是具備了要的基礎，我的意思是你要的財富必須要有合理正當的用途，否則是要不到的，比如很多人賺錢其實是出於謀求私利和貪婪之心。其實，太多的金錢也可能換不來真正的幸福，甚至是有害的，如一些人有錢後就變得目空一

切，甚至肆意揮霍錢財，而那就是衰敗的開始。真正的富人往往都很節儉，因為他們知道自己要花錢做的事情有很多。記住，一個人的奮鬥目標往往決定了他能獲得多少財富，如你為自己奮鬥，那你獲得的財富可能只夠滿足自己對衣食住行的需求；如你為家庭奮鬥，那你也許就會獲得保障家庭生活所需的財富，而如果你為更多人奮鬥的話，那你可能會獲得更多的回報。就像一個企業服務的客戶數量決定了其收入狀況，即服務的客戶越多，則收入越多。所以，要想成功與致富，你就一定要讓大自然明白你真正的用意。而所謂『大自然』，就是我們的生活！」豬博士說道。

「所以您剛才說如果我沒想好如何使用這些財富，大自然就不會給我，因為它想保護我。難怪有些人雖獲得了一筆橫財，但結局往往並不好。」企鵝先生頓悟了。

「是的，艱苦地生活也有好處，就是可以增長你的才幹。如果你為自己奮鬥，可能只能獲得你個人所需的財富；如果你為了家庭而奮鬥，那獲得的財富可能會更多。而我選擇為橡樹國而奮鬥，所以國王就給了我這麼多，儘管我並不想要。」豬博士低沉而有磁性的聲音，在空闊的房間裡迴盪。

「對，我一直都在想自己如何才能儘早成功，如何才能給鼴鼠小姐更好的生活，但事實是因為經濟狀況吃緊，我們連生孩子的計畫都推遲了。我根本不知道怎麼向大自然『索取』財富，也從不相信大自然能給予我財富。」企鵝先生說道。

「其實，生活是瑣碎的，大自然就像一位好心的家長，但家裡的孩子實在太多了，所以它既聽不清孩子們說話，也無法用語言與孩子們個別溝通，不過它有一個本領，就是可以『心靈感應』，凡是善意的行為都將得到回報。」豬博士解釋道。

　　「所以，一個人只要好好生活，就相當於在合理地向大自然『要錢』啦！因為孩子雖多，但家長終究會照顧到每個孩子的，過分擔憂實屬不必要啊！」企鵝先生感嘆地說道。

　　「是的，但你要相信它，你們才能心有靈犀。社會上的現象是富人少而普通人多，這就決定了富人的財富思維和大眾所想的不同，有時甚至截然相反。普通人只相信自己的能力，但個人的能力是很有限的，所以成功也要靠運氣，而明白這一點的人更相信大自然的善意，其成功實屬必然，只是程度不同而已。」豬博士又說道。

　　豬博士的意思是：在生活中，人們之所以會陷入困境，往往是自己的問題導致的，但真正的出路並不在於僅僅解決自己的問題，而是要從解決更多人的問題出發，比如家人和社會大眾的問題；另外，不光生活，創業也是如此，堅持為更多人服務，那麼財富總能從各個管道向你湧來。

　　用豬博士的話講就是：「只要你內心有這樣的信念，即使短期內可能瀕臨絕境，但大自然總有辦法來幫你解決，就像人們常說的那樣，雖然門是關閉的，但大自然卻悄悄為你開了窗。」

「我明白了！」企鵝先生說道。

「對。只有真正聰明的人才能『要』到錢，整天怨天尤人或幻想著『天上掉餡餅』，都是不明智的行為啊！」豬博士笑著說道。

「如何才能成為一個聰明的人呢？」企鵝先生再次問道。

「想變成聰明的人，我覺得必須要學會兩點，第一點就是要用倒序的眼光來看現實。」豬博士繼續解釋道。

「什麼是用倒序的眼光來看現實呢？」一旁聽得入迷的鼴鼠小姐插話道。

「就像看一部電視劇，當你看完一遍再看第二遍時，你總能發現很多之前沒有注意到的關鍵的人物和事件，正是因為這些要素一個接一個地發揮作用，才會導致大結局的出現。在生活中，很多人年老以後最大的遺憾就是年輕時沒有做自己想做的事情，或者沒有好好教育自己的子女，抑或沒有認真對待另一半。當然，我想說的並不僅僅是這些，而是，我們應當更加重視生活中遇到的每一個人和發生的每一件小事，因為正是這些要素在影響著我們。我們最好要把自己調整到能讓自己發展得越來越好的那條軌道上。」豬博士說道。

「老師，我好像還不是很明白，您是說要以發展的眼光來看待問題嗎？」企鵝先生問道。

「這個呀，等你們到了我這個年紀就會更明白的。人生的道路看似很多，但適合你的最佳道路往往只有一條，就算只有

一個環節失誤，結果也會大為不同。年輕時，我們大都是很隨性的，不太能真正看懂發生在我們身邊的事，也不太能看清我們遇到的每一個人。但聰明的人往往很慎重，他們透過觀察自己身邊事情的變化來判斷事物發展的方向，因為好的方向會讓我們得到大自然積極的回應，而不好的方向則會把我們帶偏甚至帶往反方向，這時我們就需要隨時調整，以找到自己最佳的人生道路。」豬博士講得很認真，他的確想幫助這對年輕人，但光告訴他們知識理念並不夠，必須讓他們擁有成功者的思維，那樣他們才能真正成功。

「我明白了，人生就是一連串的選擇，每次選擇都在考驗我們的智慧，比如今天我們能遇到老師您，就預示著我們必將成功，只要保持好的方向即可，是這樣吧？老師！」鼴鼠小姐也看到了希望，在此刻之前，她的眼中滿是對這個優雅而富麗的住所的羨慕之情，她覺得自己永遠也不可能擁有。但現在她不再這樣想了，她相信自己和企鵝先生只要共同努力，就一定會有美好的未來。

企鵝先生也很有感悟，他決定不再像過去那樣說話不慎重了，因為他之前說話都是不經大腦的，甚至有點口無遮攔，而那是不對的。他也不再天天去想那些達不到的目標和不愉快的事情了，而是開始留意生活中遇到的每一個人和發生的每一件小事，他經常在想這些會引發自己怎樣的人生劇情，而自己又該如何去應對，他突然感覺自己成熟了許多。

「老師，那一個人要想變聰明就必須學會的第二點是什麼呢？」鼴鼠小姐在一旁又問道。

豬博士看著他倆的目光逐漸變得堅定，心裡也很高興，他從衣服口袋裡掏出一枚橡樹國硬幣，輕輕拋向空中。接著，銀色的硬幣落在餐桌上旋轉起來，豬博士說道：「你們說說這枚硬幣有幾個面呢？」

「當然是兩個了，正面與反面。」企鵝先生不假思索地說道，但他馬上就有點後悔自己說得太快了。

「應該還有一個『面』──側面。」鼴鼠小姐看著桌上旋轉的硬幣說道，而這枚硬幣在她話音剛落時便不轉了。

豬博士拿起這枚硬幣看了看，說：「鼴鼠小姐是很聰明的，企鵝先生要加油啊。一般人都認為硬幣只有兩個面，這是沒錯的，但聰明的人是能看到第三面的。就像看待一個事物，普通人只會看它對自己是好還是壞，而聰明的人能同時看到好處和壞處，所以他們能明白事物發展的規律。就像企鵝先生認為在山谷是不好的，但好處就是，你只要去行動，後面的狀況往往會越變越好，因為你將面對的都是上山的路。」

「您是說大眾的眼光是二維的，他們只能看到一個面，不是好就是壞；而聰明的人的眼光是三維的，他們可以同時看到兩個面，即同時看到這個事物的好與壞，自然可以採取對自己有利的行動，這也叫升維思考、降維行動吧。」喜愛科技的企鵝先生「腦洞」大開，突然說出一些自己都覺得很酷的話來，

不禁有點沾沾自喜。

　　鼴鼠小姐很高興丈夫思維的轉變，但她也知道企鵝先生的小毛病，於是拉了一下企鵝先生的胳膊，說：「你這麼快就從山谷跑到山頂啦，我都追不上你了。哈哈！」

　　豬博士看到後，樂得哈哈大笑，他說：「鼴鼠小姐說得很對，人有時不能太過高興，要知道樂極生悲的道理。企鵝先生，你應該提醒自己在登上頂峰後不要得意忘形，這也是人生的一場修煉。因為只要你能榮辱不驚，那財富往往遲早會來，畢竟它只是人生修煉的果實而已。一項事物的好壞兩面也會隨著時間推移而變化，你要做的就是耐心等待這種變化。要記住，好人生才有好理財，光有好理財而沒有好人生，那財富也是不長久的。而且絕對的好理財也是不存在的，因為對你有利的可能對別人不利，對現在有利的，可能對未來不利。」

　　那晚，他們聊了很久，很多想法一直在企鵝先生和鼴鼠小姐的心中縈繞。最後，他們一起起身給豬博士深鞠一躬以示感謝，因為今天對他們來說實在是太有意義了。

　　夜幕下的豬博士家，就像璀璨的水晶宮，各色的發光材料把這裡打造得如同仙境一般。大黃先生說得沒錯，白天平淡無奇的石板，晚上竟然發出了各色柔和的光線。豬博士還讓大黃先生駕駛直升機，帶著企鵝先生和鼴鼠小姐在他家上空盤旋觀光了好一陣兒。

　　第二天，大黃先生將鼴鼠小姐和企鵝先生送回了他們自己

的家，還告訴他們：「豬博士一早就乘飛機去見橡樹國國王了，好像有很重要的事情要商量。他還特意囑咐我，下個月按時去接鼴鼠小姐上課呢！他說，昨晚和你們聊的都是致富的思維理念，但要想成功，還得學會理財的方法和技巧才行。」

鼴鼠小姐和企鵝先生感謝了大黃先生，約定好了具體的時間和地點後，就目送大黃先生駕車離開了。隨後，他們又回到了自己租住的小屋裡，感覺就像做了一場夢一樣。

## 本章小結論

1. 想成功，就永遠不要說自己做不到，而要想想怎麼做才能辦到！

2. 世界上很多成功的人，都是在很小的時候就立志要做一番大事業的，可見計畫制訂得越早越長遠，計畫的力量就越大。

3. 一個人的奮鬥目標往往決定了他能獲得多少財富，堅持為更多人服務，那麼財富總能從各個管道向你湧來。

4. 想變成聰明的人，第一點就是要用倒序的眼光來看現實，更加重視生活中遇到的每一個人和發生的每一件小事，因為正是這些要素在影響著我們。第二點是，看待事物時，普通人只會看它對自己是好還是壞，而聰明的人能同時看到好處和壞處，所以他們能明白事物發展的規律。

Chapter 4

# 探望豬博士

請你帶著以下問題閱讀：

1. 要成為真正的富人，除了努力累積資產，還需要做什麼？
2. 經濟不景氣，年輕人想要成功發達，是不是機會都已經被老屁股占了？還有機會嗎？
3. 當人生遭逢逆境時，除了奮力拚搏以外，還可以怎麼做？

「鼯鼠小姐您好，您能再講講三堂理財課的內容嗎？」黑兔先生的一句話，使得鼯鼠小姐一下從回憶中走出來，她馬上說道：「當然可以，豬博士的理財課，是我所上過最好的理財課。」

「理財課不都是教人如何賺錢的嗎？但每個老師都說自己的課程是最棒的，我都不知該怎麼選擇。」黑兔先生又說道。

鼯鼠小姐笑了笑，對他說：「人家說課程好，是為了銷售自己的課程，而豬博士的課程是免費的，和那些收費課程並不一樣，他只想教育橡樹國的年輕人。」

「有什麼不同呢？」黑兔先生好奇地問道，他非常渴望成為像鼯鼠小姐這樣的有錢人。

「我問你一個問題，財富是什麼？」鼯鼠小姐問道。「財富就是金錢呀，這是誰都知道的常識。」黑兔先生脫口而出。

「豬博士說，財富可以是金錢沒錯，但財富所代表的，遠比金錢的含義更豐富。他認為，財富分為兩類四種，即物質財富和精神財富，而它們分別又可以分為內在的和外在的。內在的物質財富是我們健康的身體，外在的物質財富是未來的金錢的總和；而內在的精神財富是我們積極的心態，外在的精神財富是我們對社會積極的影響。」這些理念鼯鼠小姐早已熟記於心，她一口氣就講完了。

黑兔先生也反覆琢磨著這些話，他心裡知道，這些都是正確的道理，他說：「看來不光金錢和財富不同，有錢人和富人

也有所不同呀！」

「是的，實際上真正的富人都對四種財富進行了積極探索和累積，這樣的財富才能真正帶給你快樂。要知道理財不是目的，理財的真正目的是讓自己活得幸福。」鼴鼠小姐說道。

「可是我總覺得自己失去了很多機會，而且社會上的機會也在流失，但我想快點變富。」黑兔先生說出了自己的心裡話，不難看出，他是個很上進的青年，但這也使他感到十分困惑與迷茫。

「你的機會和社會上的機會完全是兩回事，經濟再好的年份也有人破產，經濟再差的年份也有人成功。關鍵是你要專注於自己的機會，並制訂一個長期計畫，這樣才能水到渠成，就算有各種困難，它們也會為你讓道的。」企鵝先生接話道。

「謝謝你們！我知道了，我這叫『欲速則不達』。我要制訂一個計畫，向你們好好學習，等待並抓住機會，直到成功，你們就是我的榜樣！」黑兔先生握緊了自己的拳頭，他現在已經知道該如何正確發力了。

「是的，人生就是微笑著等待，因為總有花開的那一天。」鼴鼠小姐感到很欣慰。

兔子大嫂接話道：「我看你們自從上了理財課，生活都好起來了。不過豬博士好像生病了，你們不知道嗎？」

一番談話後，鼴鼠小姐才知道豬博士的確生病了，而他們雖然最近與豬博士聯繫過，但要強的豬博士也並未透露自己生

病的事情。打聽到豬博士就診的醫院後，他們決定次日就前去探望豬博士。

　　第二天，企鵝先生駕駛著自己的黑色越野車，帶著鼴鼠小姐到了橡樹國第一醫院。豬博士住的病房在醫院專家樓的二樓，他有專屬的醫學專家和專業護理人員。鼴鼠小姐幾乎是小跑著上樓的，她一到二樓，就看到了門口的大黃先生。

　　「你好！大黃先生，老師好些了嗎？」鼴鼠小姐急忙問道。

　　「鼴鼠小姐，你怎麼來啦！博士他好些了，不過身體還很虛弱，正在休息。」大黃先生說道。

　　「我們能進去看看老師嗎？」企鵝先生和鼴鼠小姐幾乎異口同聲地說道。

　　「現在不行，還得等一會兒，你們看，那盞燈現在是紅色的，等到它變綠的時候，就可以進去了。這也是醫生告訴我們的。不過，你們可以放心，夫人在裡面陪著博士呢。」大黃先生邊說，邊指著病房門上方的一盞紅燈說道。

　　於是，他們三人都坐在門口的長凳上等那盞燈變綠。鼴鼠小姐問大黃先生：「老師身體不是一直都很好嗎？怎麼突然生病了呢？」

　　「是的，博士生病其實也是很突然的。」大黃先生邊說邊摘下了墨鏡，凝視著窗外。他講起了三年前，豬博士的一次經歷。

原來，三年前的橡樹國高層發生了一些變動，國王聘請了來自海麗國的鷹先生擔任國家首席財政顧問。鷹先生是非常激進的金融家，曾經指導海麗國在金融行業異軍突起，但他為人陰險狠毒，海麗國國王最終並沒有真正重用他，只給了他一個虛職。而橡樹國以發展漁業和農業起家，後來又發現了豐富的石油資源，經過十幾年的發展，有了不少的財政收入，再加上豬博士當年提出的建立國家財富基金的計畫大獲成功，所以橡樹國的國家財富與實力與日俱增。但最近幾年，世界經濟形勢不太樂觀，國家財富基金的收益並不好，而石油資源也日益枯竭，所以橡樹國的國家財政變得較為吃緊。國王在情急之下，不顧豬博士的勸阻，便派人邀請鷹先生擔任國家首席財政顧問。

　　「以鷹先生的性格，他要是知道老師曾勸阻國王聘任他的事，還不懷恨在心、伺機報復嗎？」鼴鼠小姐說道。

　　「我聽說過這個鷹先生，他的一項政令，曾讓我的月牙河捕魚公司差點破產，幸虧我後來轉到遠洋漁業，才渡過難關。」企鵝先生也說道。

　　「是的，鷹先生絕對是個狠角色，而且是外交高手，他把國王唬弄得團團轉，而且處處嘲諷排擠豬博士。」大黃先生氣憤地說道。

　　「真難為老師了，他那麼善良，而且一心為民。」鼴鼠小姐說道。

「就是說啊！在後來的一次國家金融財政年會上，鷹先生和豬博士發生了激烈的爭論，豬博士那天回來就病了，畢竟他年紀也大了。」大黃先生又想起了那段傷心往事。

豬博士更注重社會的協調發展，而鷹先生則只想快速發展經濟。因為豬博士認為，物質文明與精神文明是兩條同向共振的曲線，必須保持協調發展，如果光發展物質文明而忽略精神文明，則很難保證物質文明長期繁榮，因為這兩條曲線具有一定的相關性。鷹先生則認為，物質文明是真實的，精神文明是虛擬的，不能因虛廢實，否則得不償失。對於豬博士提出的發展教育和開展社會文化活動，他認為那簡直就是浪費金錢。

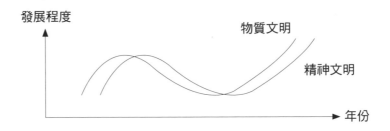

社會發展程度與物質文明和精神文明的發展曲線

「快看，燈變綠了，我們可以進去了！」企鵝先生指著那盞剛剛變綠的燈說道。

「是的，我們現在可以進去了。」大黃先生又重新戴上了

墨鏡，和企鵝鼴鼠夫婦邁步走入豬博士的病房。

　　此時的豬博士已經完全清醒了，他安靜地躺在一張白色的病床上。床邊坐著夫人，她正拉著豬博士的手，眼睛緊盯著床頭上方那些複雜的醫療資料。

　　「你們來啦！」豬博士的聲音還是那麼有磁性，但可以明顯感覺到他還是很虛弱。

　　「老師，您得早日康復啊！我還想再上您的理財課呢！」鼴鼠小姐低聲說道。

　　「好啊，我沒事的，還有很多事等著我去做呢！」豬博士說。

　　「你們把鮮花放下就可以了，病人還需要休息，情緒也不能太激動，請大家回去吧！」巡房的白天鵝護士長進門說道。

　　「孩子們，你們先回去吧！有你們師母照顧我，你們就放心吧。」豬博士說完便閉上了眼睛，他太虛弱了，這次的病整整折磨了他三年，身體時好時壞。他每天都睡不好覺，還得吃很多藥，尤其是最近三個月，他昏迷了好幾次。每次他都帶病工作，要不是這次夫人執意住院陪同，豬博士肯定又會讓大黃先生把那些有關國家大事的文件帶進病房。

　　「老師、師母，我們下週再來看你們。」鼴鼠小姐說完，就和企鵝先生及大黃先生走出了病房。

　　「大黃先生，老師這裡就靠你多費心了，我們下週再見吧。」鼴鼠小姐對大黃先生說道。

「好的，博士太倔強了，下次你們來了再和他好好聊聊。雖然醫生還查不出真正的病因，只說是精神衰弱引起的綜合症，但我感覺博士得了心病啊！」大黃先生說道。

　　「心病？那這次是為什麼會昏迷呢？」鼴鼠小姐問道。

　　「還不是與鷹先生意見不合嘛！鷹先生建議國王大力發展金融業，開放金融市場等，不過豬博士認為橡樹國人口較少，內部需求並不旺盛，而加大金融業的槓桿後，一旦碰上全球性的經濟或金融困境，那國家的財政根基就會動搖，這樣必然會導致經濟的大衰退。」大黃先生不愧是豬博士身邊的人，他講的這些理論，鼴鼠小姐和企鵝先生其實都沒有完全聽懂。

　　「那國王到底有沒有採納老師的意見呢？」鼴鼠小姐又問道。

　　「當然沒有了，要不然豬博士也不會昏迷了。鷹先生還當眾嘲笑豬博士，說他年老不中用了！甚至還揚言要關掉經濟學院呢！」大黃先生憤憤地說道。

　　「哎！這個鷹先生也太過分了！經濟學院可是老師畢生的心血啊！」鼴鼠小姐也氣憤地說道。

　　「這個鷹先生真的很可惡，要是他的計畫得逞，那橡樹國的將來可就危險了，我也得回去為企業想些對策呢。」企鵝先生說道。

　　一週後，鼴鼠小姐和企鵝先生又來看豬博士了，這次，豬博士的氣色看起來好了許多。

鼴鼠小姐看到，幾年沒見，豬博士的確老了，眼角的皺紋也增添了不少。

　　豬博士今天又把他的金絲眼鏡戴上了，他端詳著鼴鼠小姐，說：「看到你們現在過得很好，我感到很欣慰啊。記得當年你還是個調皮的毛丫頭呢，現在也做了母親了。企鵝先生也發展得不錯，我真為你們倆感到高興啊！」

　　「老師，看到您有精神了，我也放心了。我有句話不知道該不該講。」鼴鼠小姐神祕兮兮地說道。

　　「傻孩子，有什麼話還對老師隱瞞嗎？快說！」豬博士笑著說。

　　「我想介紹一位高人給您認識，不知您願意見他嗎？」鼴鼠小姐說道。

　　這位高人其實是鼴鼠老爸的一位摯友——寶石國的靈龜大師，他不光精通醫學，而且對人生的感悟也頗多，是寶石國的一位智者。

　　豬博士和靈龜大師進行一番深談後，臉上露出了許久未見的笑容。

　　豬博士說：「我過去一直把工作放在第一位，想運用自己的智慧來將事情做到最好，卻忘了自己的智慧其實是有限的，真正高明的做法是運用大自然的智慧。」

　　靈龜大師說：「博士真是聰明人，一點就通，我可用了很多年才弄明白這一點啊！哈哈！」

一個月後，鼴鼠小姐再次去探望豬博士時，已經是在豬博士位於經濟學院的辦公室裡了。

　　豬博士又恢復了往日的神采，顯得更加精神矍鑠了。鼴鼠小姐說：「見到您完全康復，真的太高興了！那個鷹先生還在為難您嗎？國王有沒有採納您的意見啊？」鼴鼠小姐問道。

　　「鷹先生已經離開橡樹國了，國王還向我致歉呢！哈哈！」豬博士微笑著說道。

　　「怎麼會這樣？您是使用了什麼高明的方法，讓國王重新信任您的呢？」鼴鼠小姐好奇地問道。

　　「什麼方法也沒用，我只是按照靈龜大師告訴我的，順其自然罷了。」豬博士淡淡地說道。

　　隨後，豬博士又耐心地向鼴鼠小姐說了靈龜大師告訴他的那些道理。原來，靈龜大師那天曾給他講了一個故事，說一匹馬如果不能按照你指示的方向前進，最好的方法不是違背馬本身的意願，而是要快速試錯：如果馬的意願是錯誤的，那白白地嘗試了一圈後，馬還是要朝著你要去的方向前進；如果馬的意願是對的，那就不妨順其自然。

　　鼴鼠小姐聽了半天，也沒弄懂豬博士的意思，但她聽懂的一點就是，豬博士回來後，全盤同意了鷹先生的計畫，連國王都以為自己聽錯了，鷹先生還私下嘲笑豬博士，說他是病糊塗了。更讓鷹先生得意的是，他的計畫原本是要分三步驟執行的，但很快就全面試行了。不過，結果卻讓鷹先生大為惱火。

因為一個環節的小問題，最後演變成了全盤的大問題，國王對鷹先生的態度也轉了 180 度，他最後還解僱了鷹先生。豬博士重新得到重用，豬博士還當著鷹先生的面，在國王面前誇鷹先生的思維超前，並表明現在的結果是各部門配合得不夠默契造成的，將來還會重新考慮鷹先生的提議，鷹先生當時被氣得臉都綠了。

鼴鼠小姐聽完，笑著說道：「太痛快了，誰叫他當年那麼欺負人的！」

豬博士笑道：「其實他的理念也是對的，只是他太過自私、急於表現了！」接著他好像又想起了什麼，說道：「對了孩子，過兩天，你們原來上課的那棟樓要拆除重建了，學院又將有新的發展了，這可是國王的意思呢。」

「是嗎？我還想再去那裡看看呢！那裡還有我很多的回憶。」


## 本章小結論 ～～～～～～～～～～～～～～～～～～

1. 財富分為兩類四種，即物質財富和精神財富，而它們分別又可以分為內在的和外在的。內在的物質財富是我們健康的身體，外在的物質財富是未來的金錢的總和；而內在的精神財富是我們積極的心態，外在的精神財富是我們對社會積極的影響。

2. 真正的富人都對四種財富進行了積極探索和累積，這樣的財富才能真正帶給你快樂。

3. 經濟再好的年份也有人破產，經濟再差的年份也有人成功。關鍵在於專注於自己的機會，並制訂一個長期計畫，才能水到渠成。

4. 個人智慧其實是有限的，真正高明的做法是運用大自然的智慧。

Chapter 5

# 三堂理財課 I：
# 致富的奧祕

請你帶著以下問題閱讀：

1. 世上有快速致富的方法嗎？

2. 究竟是大錢重要，還是小錢重要呢？我們應該怎麼看待
   金錢？

3. 整體來說，金錢有哪些用途？

經濟學院的教學樓在辦公樓的前面，需要穿過一片整齊的白橡樹林，再沿著校園裡的柏油馬路走幾分鐘才能抵達。不一會兒，鼴鼠小姐就走到了教學樓前。教學樓是一棟六層的老式建築，泛黃的白色花崗岩石材覆蓋了整棟建築的外部，顯得古樸而低調。這裡曾為橡樹國培養了很多專家級的人才，也走出了很多精英人士，豬博士就是其中一位。

她推開了六樓最大那間教室虛掩著的大門，彷彿又看到了當年上課的情形……

「同學們，請注意！歡迎豬博士為大家授課！」說話的是馬助教。

在大家熱情的掌聲中，豬博士從教室門口大步走上了講台。今天的豬博士心情格外愉快，特地穿了一身嶄新的白色禮服，頭戴白色圓頂禮帽，米黃色襯衫的領口處還繫著一個白色的蝴蝶結。他推了推鼻子上的金絲眼鏡，看著眼前坐得整整齊齊的學生們，開口說道：「同學們，歡迎你們！歡迎來到經濟學院的理財課堂！」

大家隨即報以熱烈的掌聲，鼴鼠小姐是其中鼓掌鼓得最賣力的一個。鼴鼠小姐發現，今天來聽課的學生，不光有那天參加宴會的參賽者，還有許多慕名前來的人，他們把這間整棟樓最大的教室都坐滿了。

馬助教在旁邊說道：「今天來的同學很多，請大家安靜些，豬博士講的內容非常重要，大家要認真做好筆記。」

豬博士向馬助教點頭致意，然後笑著對大家說：「馬助教說得很對。不過，我講課時喜歡和學生交流，大家可以隨時打斷我，我願意做及時的解釋。我們都是成年人，成年人交流也可以不用帶筆記本，最重要的是用心來感受。」豬博士的理財課其實是為年輕人而開的公開課，所以他並不想用規則來約束大家。

　　豬博士接著說：「我想問大家，你們來上課的目的是什麼呢？」

　　「為了學會理財！」喜鵲小姐搶先說道。

　　「為了變得更有錢，像豬博士您一樣！」猴子大哥說道。

　　……

　　大家七嘴八舌，話雖不同，但大多是想知道怎麼理財及如何快速變得富有等。

　　豬博士笑著點了點頭，同時把禮帽摘下來放到了講桌上，喝了一口馬助教遞給他的茶，緩緩地說道：「那大家是想聽迅速致富的方法，還是想聽十年才能致富的方法呢？」

　　大家有的說要聽迅速致富的方法，有的說迅速致富的方法是不存在的，還是應該聽十年才能致富的方法才對。在大家爭論不休時，豬博士指著前排比較活躍的兔子大姐說道：「請你來回答。」

　　兔子大姐站起來說道：「我認為，致富是一個緩慢的過程，沒有人是那麼容易成功的，短期致富的可能性是有，但我

更相信十年才能致富的方法才是最有效的。所以，我選擇聽十年才能致富的方法。」說完，她就坐下了。她坐在鼯鼠小姐的旁邊，突然轉頭對鼯鼠小姐說：「你不是這屆理財大賽的冠軍嗎？你有何高見呢？能說來聽聽嗎？」

鼯鼠小姐本來正聽得入神，突然被這麼一問，也有點傻住。她站起來，想了想，說道：「迅速致富的方法是每個人都追求的，而社會上真正的富人卻很少，這代表那一定不是他們的選擇。十年才能致富的方法雖然正確，但做到的人卻這麼少，我想它也並不容易掌握。但要我選擇，我會選擇後者。」

鼯鼠小姐說完後，教室裡也安靜了許多，大家都在思考鼯鼠小姐剛才說的話。

豬博士的臉上露出欣喜的神情，他突然大聲說道：「大家說得都沒錯！人生就是由一次次選擇組成的。今天，就請你們在心裡種下一粒財富種子。」豬博士邊說，邊從口袋裡取出一個橡果，他將這個橡果向大家展示了一下，然後說：「就像這個橡果可以長成參天的橡樹一樣，你們心裡的那粒財富種子也會長大。橡樹從發芽到開花結果，最少需要十年的時間，但它可以長到幾十公尺高，活幾百歲甚至上萬歲。就如同你們心裡的財富種子一樣，如果你真心選擇了，而且無怨無悔、絕不更改，那十年後的你也許就會收穫豐收的喜悅。」

大家都注視著豬博士手中的那個橡果，似乎過了很久都沒有人說話。

豬博士把橡果放在講桌上，環視教室後，說道：「都選好了嗎？選擇前者的請舉左手，選擇後者的請舉右手！記住，選好了，就不能更改！」

　　豬博士的話擲地有聲，教室裡鴉雀無聲，每個人彷彿都只可以聽到自己的心跳聲。最後，大部分人舉起了右手，但還有不少人舉起了左手。

　　豬博士緩緩地說道：「希望你們是認真的，反正我很認真。舉左手的同學可以離場了。」

　　鼯鼠小姐看到那些舉左手的同學不情願地走了，有的好像還在嘀咕著什麼。

　　豬博士微笑著說：「我的課程雖然是免費公開的，但也幫不了所有的人。接下來我們正式進入今天的課程。」

　　大家的掌聲變得熱烈而整齊了，教室裡也沒有剛才那麼擁擠了，每個人都在專心致志地聽豬博士講課。

　　豬博士呷了一口茶，緩緩說道：「今天講的主題是，『如何迅速獲得財富』！」

　　豬博士的話引起了一陣騷動，大家心想，是不是豬博士說錯話了，怎麼剛把選擇聽迅速致富的方法的人請出去，就又要講如何迅速獲得財富了。鼯鼠小姐也是一驚，她也擔心豬博士是不是真的講錯了，她關切地看著豬博士。

　　豬博士繼續說道：「你們沒有聽錯！大家看！」他指著窗外那一排排整齊的橡樹，問道：「你們覺得那是什麼？」

大家齊聲說：「橡樹林！」

「但在我的眼裡，它們其實就是一個個橡果，當然也是你們看到的橡樹林。」豬博士又把那個橡果拿了起來，看了看後，繼續說道：「普通人往往目光短淺，且喜歡將事物割裂來看，但如果用發展的眼光來看，橡果就是橡樹，橡樹也是橡果，你們說對嗎？」

大家好像有點明白豬博士的意思了，豬博士看事物時是有空間和時間概念的，而普通人則只會看到一個點。所以，普通人對事物發展的原理並不瞭解，或者已經習慣了用「點的思維」來看問題，而豬博士卻總能以更高維度來看問題，因此豬博士的智慧自然就會比普通人要多許多。

豬博士又說道：「當我們把一個個橡果種到那片土地裡的時候，雖然它們還沒有長成今天的大樹，但其實也相當於我們一瞬間擁有了這片高大茂密的橡樹林，難道不是嗎？這不就是迅速致富的方法嗎？」

教室裡響起了雷鳴般的掌聲，大家都覺得自己好像已經可以迅速致富了，雖然可能要等十年甚至更久的時間，但他們相信，只要聽完豬博士的課程，剩下的就只是時間的問題了，因為成功與富有已經被放入囊中，就等他們到了時間去取。

豬博士接著說：「剛才我請那些選擇聽迅速致富方法的人出去，是因為他們是急功近利的人，他們和社會上的一些人一樣，都在人生中重要的時刻做出了錯誤的選擇。他們不明白的

是，十年才能致富的方法，其實正好是最迅速的致富方法。他們更沒有弄明白，他們要找的那些能讓自己迅速變得富有的方法，但這種方法所帶來的財富，其實是其他人留下的果實。所以，從某種意義上說，這種行為本身就是一種掠奪與犯罪！」

鼴鼠小姐看著神采飛揚的豬博士，不由得對他更加敬佩了。她想：「我也要在心中種下一個橡果，用十年的時間，來打造精彩的人生。」

此時，豬博士已經走到了學生們的中間，他停頓了一下，繼續說道：「同學們，我們來講另一個問題。你們說是大錢重要，還是小錢重要呢？」

斑馬公子搶先說道：「當然是大錢重要了，只有大錢才能讓我們實現財富自由，不是嗎？」

旁邊的羊駝公子則發表了不同的看法：「我認為小錢重要，不累積小錢，哪會有可以讓我們實現財富自由的大錢呢？」

豬博士說道：「你們說得都對，但人們經常做不對。有個奇怪的現象，就是人們喜歡『反著說』。比如，剛才你們各自認為最重要的，其實就是你們現在最缺的，也很可能是你們過去不夠關注的。是不是啊？」

兩位公子對視一眼之後，突然都笑了起來。原來他們都是做石油開發的。斑馬公子的家族企業正在向銀行貸款，需要一大筆錢，否則公司就會面臨資金鏈斷裂的風險；而羊駝公子的

家族企業已經上市，目前正在為了改善季度的財務報表而開源節流，尤其需要控制成本，否則股價下跌會讓家族財富縮水不少。

鼯鼠小姐對這一點也是很有感觸的，她發現很多普通人對錢其實很不在乎，一發薪資就會大肆消費，也從不使用消費後獲得的優惠券，反而會嘲笑那些經濟狀況較好卻使用優惠券的人，說他們未免過於貪財愛錢。但這些窮人每到發薪資時，又會嫌自己賺得太少，每天只想著迅速賺大錢。對於這點，鼯鼠小姐一直都覺得很有意思，不明白他們到底是怎麼想的。

豬博士接著說：「我講這個問題，主要是想讓你們對金錢有個嶄新的認識。」豬博士邊說邊從上衣口袋裡掏出兩張 100 元橡樹幣，他雙手各拿一張，說道：「你們說說，這兩張紙幣有什麼不同呢？」

大家看著兩張嶄新的紙幣，覺得並沒有什麼不同，所以都不說話。鼯鼠小姐一開始覺得，是不是紙幣的編號不同，但又想豬博士肯定有其深意，所以也沒有說話，只是盯著那兩張紙幣。

豬博士說：「如果從表面來看，其實它們並無區別，但如果從獲得方式來看，二者就大有不同了。」

鼯鼠小姐忽然想起來了，自己也曾有過類似的想法，居然和豬博士想到一起了，心裡不免有些激動，於是喜形於色。

豬博士也看到了她的表情，說道：「請鼯鼠同學來說說

吧，它們到底有何不同呢？」

鼴鼠小姐連忙起身說道：「豬博士和親愛的同學們，大家好！如果從獲得方式來說，兩張紙幣的確有所不同，我曾在參加理財大賽的時候，也說到了這一點。我發現一些怪現象，有些人一發薪資就會去消費，甚至不在意使用優惠券可以節省的『小錢』。雖然工作非常辛苦，但他們感覺賺錢是『比較容易的』，因為這筆錢是『別人發的』，只要公司不倒閉，或者自己不被開除，同時按部就班地生活，那麼這筆錢這個月花完下個月還會有；而很多做生意的人則會注意節省，並使用優惠券去省錢，因為他們感覺賺錢並不容易，每筆錢都不是『別人發的』，而是『自己賺的』，今年賺到了錢，但明年也有可能賺不到錢，甚至如果這個月不努力賺錢，下個月公司的財務狀況便會吃緊。當然，揮霍無度的生意人和精打細算的上班族也不在少數。歸根究柢，這些怪現象便是這種『賺錢難或易』的自我感覺導致的。如果我們能認識到這一點，就可以關注一下自己的行為是否有失偏頗了，因為很多行為都是下意識做出的，看似簡單，卻極易被人忽視。」鼴鼠小姐的口才已是今非昔比，因為曾在大賽上奪冠，她的自信增添不少。

豬博士滿意地點點頭，請鼴鼠小姐坐下，然後說：「鼴鼠同學講得很不錯，但我還有另外一層意思要說。因為錢有所不同，所以我們要區別對待它們。但如何正確區別對待呢？那就是，你不要因為感覺賺錢容易就大手大腳，也不要因為賺錢

不易就畏首畏尾，對錢採取不同態度的依據不應該是它們的來源，而應該是它們的去向。」

看著大家疑惑的眼神，豬博士走到講台上，又喝了口馬助教剛剛添滿熱水的茶，然後說道：「接著我們分小組討論錢的去向有哪些，請馬助教安排一下。」豬博士可能講得有些累了，他坐到了講桌後的一張橡木椅子上，饒有興致地看著大家熱烈研討。對他來說，這樣的活動，已經開展了至少三十年了。豬博士年輕的時候，就曾在這所大學上學，也曾在這間教室裡學習研討，時光飛逝，他從講台下的一員成為了講台上的主角。

在這間教室裡，豬博士曾經有個願望，他希望能幫助和自己一樣有理想的年輕人。當時，家族已走向衰敗，曾經的輝煌變成人們口中的笑柄。豬博士在承受著巨大心理壓力的情況下，毅然考取了這所大學的經濟學博士學位，成為家族長輩眼中新的希望。豬博士本來可以到國家有關部門就職，但他選擇了在這裡當老師，目的就是像今天這樣幫助一代又一代的年輕人。豬博士的很多學生已經成為橡樹國的棟樑之材，致力於發展國家的經濟。連國王都注意到了豬博士的存在，甚至邀請他擔任國家首席財政顧問。

豬博士的孩子們也相當成功，他將自己的經濟學知識教給了自己的孩子。現在兩個兒子都經營著規模龐大的企業，大女兒是橡樹國駐星羅國的外交大使，小女兒是海麗國的醫學博

士。豬博士對孩子們的成功感到欣慰，現在他正把所有的精力都放在對橡樹國年輕一代的培養和教育上，希望透過經濟學院這塊陣地，為國家多做貢獻。

國王曾多次邀請豬博士擔任政府的要職，都被他婉言謝絕，後來國王決定讓豬博士擔任經濟學院院長一職，以滿足豬博士的心願。豬博士還提議並主持組建了國家財富基金，致力於讓橡樹國真正富強起來。因豬博士對橡樹國的貢獻巨大，所以國王將橡樹國南面的七峰山獎勵給了豬博士，希望他繼續為國效力，那裡現在是豬博士的家。

「豬博士，同學們都已經研討完畢了！」馬助教工作時盡職盡責、一絲不苟。

「好的，請各組選派代表上台發言，並請馬助教在白板上做好記錄。」豬博士說道。

各組都選派了自己的代表上台發言，馬助教將各組的發言要點都寫在了白板上，豬博士則用紅筆將重複的要點一條一條地劃去。

最後，豬博士總結出了錢的幾個去向，分別是：日常生活費用、教育費用、養老費用、醫療費用、投資費用和生活品質的提升費用等。

豬博士笑著說：「現在你們都還年輕，這些費用其實體現了你們對未來人生的思考。你們現在可能明白一些了吧，一樣的錢卻有不一樣的用途，這才是它們真正的不同。」說完，豬

博士又拿出那兩張紙幣，在空中揮了一下後放入口袋，說道：「今天的課程就講到這裡，明天再見！」

「謝謝老師！老師辛苦了！」同學們也起身鞠躬，並目送豬博士離開。

鼯鼠小姐回到家後，興奮地和企鵝先生分享了今天的課程，並將一些心得寫入理財日記本，同時期待著明天的課程。

## 本章小結論

1. 想要致富之人，與其尋求迅速致富，不如在內心播下一粒財富種子，也就是正確的致富思維，讓種子慢慢長大，這樣一來，十年後也許就會收穫豐收的喜悅。
2. 普通人對事物發展的原理並不瞭解，或者已經習慣了用「點的思維」來看問題。如果能學會以更高維度來看問題，智慧自然就會比普通人要多許多。
3. 我們必須對錢採取不同態度分開看待，但是這樣做的依據並非是錢的來源，而是錢的去向。

## 家庭金錢的流向

投資

醫療

養老

日常生活

教育

生活品質
提升

了解金錢的主要用途，才能妥善規劃家庭理財。

Chapter 6

# 三堂理財課 II：
# 財富管理帳戶

請你帶著以下問題閱讀：
1. 在財富累積的過程中，覺得很辛苦是正常的嗎？
2. 規劃好金錢的用途後，該怎麼執行理財計畫呢？
3. 對未婚人士而言，理財重要嗎？

第二天一大早，豬博士精神抖擻地站在教室的講台上，他正在白板上畫著什麼。鼴鼠小姐一看，原來老師在畫一棵橡樹，有樹根、樹幹、葉子和果實。

豬博士說道：「同學們，你們來觀察這棵橡樹有什麼特點。」

松鼠小姐搶先說：「老師畫得非常好！」

豬博士笑著說道：「不是讓你看我畫得好不好，是讓你看橡樹本身的特點！」

松鼠小姐又說：「樹根有點長，但橡果有點小！」要知道，松鼠家族的最愛就包括這些橡果啊。

豬博士笑著說：「說得沒錯！我來解釋一下吧。」他拿起紅筆，在樹根處畫了一條虛線，在樹幹和果實之間又畫了一條虛線，把一棵橡樹分成了三個部分。

豬博士說：「這就是我們上節課所講的內容，橡果種下去後，你並不會馬上獲得財富，而需要等待一段時間。第一階段是最難熬的，因為即使付出也不會有任何收穫，我們稱之為扎根期，在這一階段，根扎得越深，將來樹就會長得越高；第二階段將初見成效，我們會有辛苦付出後的喜悅，但仍然沒有收穫的機會，只有繼續等待和堅持，我們稱之為成長期，在這一階段，根吸收的營養越充分，將來結出的果實就會越大；必須到了第三階段，也就是收穫期，我們才能有所收穫，也就是實現財富自由。」

# 財富累積三階段

收穫期 ——

成長期 ——

扎根期 ——

扎根期是最難熬的，根扎得越深，將來樹就會長得越高；
成長期時雖已初見成效，仍然需要繼續等待和堅持；
收穫期時，我們才能實現財富自由。

豬博士用手指著自己畫的橡樹，看了看聽得入神的學生們後，又繼續說道：「所以，有些時候，快就是慢，而慢就是快啊！很多人當年雖也種下了自己的種子，但他們太著急了，在扎根期和成長期就放棄了，實在很可惜。現實中，的確有人並未付出很多努力卻意外迅速致富了，其實他們獲得的財富正是前面那些放棄的人留下的果實罷了。」

鼴鼠小姐的手中，正緊握著一個橡果，那是昨天豬博士留在講桌上的，當時馬助教本準備將它扔掉，但被鼴鼠小姐拾了去。鼴鼠小姐心想：自己一定要按照老師的方法，堅持下去，不要輕易放棄自己的理想。

豬博士走到講桌前，喝了口茶，說道：「我昨天看到了大家的研討結果，總結得非常好，代表大家都很用心。學習就是投入多深，感悟就有多深。針對大家提出的這些錢的去向，接著我們一起來學習『721』帳戶管理模式。」

豬博士在白板上寫下「721」這三個數字，進一步解釋道：「這也是在財富種子的扎根期和成長期，你們需要完成的最重要的功課之一。『7』代表 7 個支出帳戶，『2』代表 2 個理財帳戶，『1』代表 1 個被動收入帳戶。」「如果把財富比喻成一個蓄水池裡的水，蓄水池的入水管裡流淌著的可能是你的薪資，也可能是你透過投資所獲得的收益，抑或是企業分紅及其他收入等。入水管越多，流入蓄水池的水自然越多。我想問問大家，此時蓄水池的水位是不是一定會上升呢？」豬博士

問道。

「當然會，收入越多，財富自然就會越多嘛！」白鴿女士說道。

「不一定，如果出水管也很多，那收入再多，財富也不一定會增長！」猴子大哥說道。

「說得很好！這的確是我要提醒大家的，大家之前可能也學過很多關於入水管的投資本領，但如果你不會管理出水管，那你再辛苦也是白費功夫，甚至是給別人送錢。」豬博士說道。

「所以，家庭理財的關鍵就是要管好你的錢，我們稱之為家庭理財的帳戶管理。」豬博士走到白板前，在數字『7』的下面，寫了7個帳戶的名稱，分別是：日常消費、保險、養老、教育、備用金、獎勵和慈善。

這時，馬助教正將一些印有文字的資料發給每個學生。鼴鼠小姐一看，是一張粉色的 A4 紙，上面寫著「豬博士的 721 帳戶管理細則」，以及對各個帳戶的介紹。

豬博士說道：「同學們看一下剛才馬助教給大家發的資料的正面，仔細閱讀並結合你們昨天研討的內容，看看有無新的看法。給大家五分鐘時間。」

馬助教看了一眼牆上的鐘，開始計時。同學們則低頭認真地看起了資料。

此時，圓拱形的窗外，天氣變得陰沉起來，好像還下起了

## 豬博士的 721 帳戶管理細則 1

（一）7 個支出帳戶

（1）日常消費帳戶：能夠滿足一個家庭日常生活開銷的帳戶。

（2）保險帳戶：專用於購買保險的帳戶。

（3）養老帳戶：為了滿足自己及父母養老需求的帳戶。

（4）教育帳戶：為孩子的出生、上學、成家立業等所準備的帳戶。

（5）備用金帳戶：用以應對各種突發情況的帳戶。

（6）獎勵帳戶：也叫「夢想帳戶」，用於實現自己給自己制訂的獎勵計畫的帳戶。

（7）慈善帳戶：用於慈善捐贈的帳戶。

小雨。突然，一道閃電將屋外的一棵橡樹劈斷了。同學們都把頭轉向窗外，外面的雨越下越大了。

豬博士走到窗前，看著那棵被閃電劈斷的橡樹，斷裂處還冒著煙，教學樓的幾個工作人員，正趕往那裡進行清理。豬博士將剛才還開著的窗戶輕輕地關上，轉身走到講台的中央。他

看了一眼馬助教，馬助教也向他點頭表示時間已到，豬博士開始說道：「同學們，人生就像這天氣，早上還晴空萬里，現在卻烏雲密布，明天可能又會是豔陽高照的一天，可謂是變幻莫測啊。所以，對帳戶的管理，就是為了應對人生中的各種變化。接下來我們要進行一場角色扮演，具體由馬助教來主持，大家用掌聲來歡迎一下馬助教吧！」豬博士說完，就帶頭鼓起掌來，同學們也緊跟著鼓掌，馬助教不好意思地笑了一下，但很快又嚴肅起來。馬助教工作能力很強，平時也不苟言笑。他很快將學生分為了幾組，並讓他們選出自己想扮演的家庭成員，如爸爸、媽媽、孩子、爺爺和奶奶，然後讓他們按照自己的需求研討帳戶的管理問題。馬助教還要求他們在半個小時內研討完畢，並由家庭中的「爸爸」來發言。

鼴鼠小姐雖為女性，但組員一致推選她為本家庭的「爸爸」。另外，兔子大姐是「媽媽」，松鼠小姐是「孩子」，猴子大哥和白鴿女士分別是「爺爺」和「奶奶」。這個臨時「大家庭」討論得可激烈了。

半個小時後，馬助教就開始需求各組的「爸爸」依序發言了。各位「爸爸」的發言都很精彩，也得到了大家熱烈的掌聲，教室裡的氛圍好極了。輪到鼴鼠小姐發言的時候，豬博士還將椅子特意轉向鼴鼠小姐這一邊，他也很想知道鼴鼠小姐所在的組是怎麼看待這個問題的。

鼴鼠小姐說：「大家好！身為全場唯一的『女爸爸』，我

的發言如有不足之處，請大家見諒！」大家聽她這麼一說，都笑了。鼯鼠小姐繼續說道：「經過家庭成員的熱烈討論，我覺得，錢是不夠用的，他們都爭著向我要錢……」大家笑得更誇張了。「所以，一定要合理分配，並厲行節儉，否則將來一定會碰到麻煩。我認為，還應增加 1 個投資帳戶，否則只有出項而沒有進項，遲早會坐吃山空的。」

豬博士站起身來，說道：「鼯鼠同學說得沒錯，的確需要有投資帳戶，不過不是 1 個，而是 2 個，請大家看剛才發的資料的背面。」豬博士說著，已經點頭讓鼯鼠小姐坐下了，同時也示意馬助教到一旁休息。

豬博士說：「很多人之所以會浪費錢，其實就是因為不知道人一生中會有哪些花費，如果他們知道未來自己有可能會帳戶餘額不足，哪裡還會去浪費呢？而很多人之所以有坎坷的人生，就是因為沒有在年輕時做好這些規劃啊！」

豬博士說道：「一個家庭的財富蓄水池至少有 7 個出水管，我們都要學會管理，因為每項支出也都是必要的。而蓄水池也有入水管，如工作、理財等。今天，我們只做瞭解，明天我們再從理財的角度重點學習。」豬博士停頓了一下，繼續說：「增加孩子的理財帳戶其實也是為了教育孩子，因為理財是一種習慣，最好從小時就培養。我要重點說一下最後那項『被動收入帳戶』，它是讓你不用親自勞動，卻依舊可以獲得財富的一個帳戶，比如靠出租房屋而獲得的租金等。畢竟，一

---

## 豬博士的 721 帳戶管理細則 2

（二）2 個理財帳戶

　　（1）家庭專用理財帳戶：用於進行各類投資理財的帳戶。

　　（2）孩子的理財帳戶：一個能伴隨孩子成長的理財帳戶，這會是送給孩子的最好禮物之一。

（三）1 個被動收入帳戶

　　被動收入帳戶：不用理財者日日親自勞動，就可以「自動賺錢」的帳戶。

---

個人的能力是有限的，而被動收入為你節約的時間，正好能讓你將自己的能力提升到新的高度，這也是成為超級富豪的祕密之一。」

　　鼴鼠小姐心想：被動收入，這個是得好好學習。一想到房租，鼴鼠小姐正在發愁呢，他們租的房子不光面積小，裝修狀況還差，但是因為位於市中心，租金可不低。丈夫企鵝先生每月的薪資，一大半都付給了房東，房東不必日日工作，卻能獲得企鵝先生一半的薪資，與其說企鵝先生是為家庭工作賺錢，還不如說是為房東工作賺錢呢。要不是最近剛領了大賽的那筆

獎金，他們可能就得搬家了，因為實在支付不起房租啊。

「我有一個問題，帳戶管理細則非常棒，但我目前還是單身，我該注意些什麼呢？」說話的是喜鵲小姐。

豬博士走到講台中央，說：「大家要明白理財的目的是管理錢，涉及賺錢、花錢、生錢和用錢等。賺錢可以指工作和創業，花錢主要是指有享受傾向的消費，生錢是指投資與理財，而用錢是指支付維護家庭日常所需的各項開支。既然你現在是單身人士，那主要關注前三者，但學習完整的帳戶管理細則，也是對未來生活的一次預演。」

喜鵲小姐點點頭，她有些明白了。

豬博士繼續說道：「現在，請馬助教把我的橡果都拿上來吧！」

話音未落，馬助教已經提著一個籃子走上了講台，籃子裡一共有 10 個橡果。豬博士讓馬助教將這些橡果獎勵給這兩天積極發言的學生代表。隨後，他又看到外面的雨已漸停，就帶領著大家下樓，一起來到校園內的一片空地旁。豬博士說：「10 個橡果代表 10 個帳戶，我們今天就一起在這裡種下它們。希望它們都能茁壯成長，也祝願大家的財富夢想能早日成真！」

大家一起將這些橡果種在那片剛被雨水澆濕的土地裡。突然，大家聽到了兔子大姐的哭聲，原來她剛才用小鐵鍬埋種子的時候，一不小心將那個橡果鏟成兩半了。鼴鼠小姐忙走過去

安慰兔子大姐，還從口袋裡掏出一個橡果，讓兔子大姐去種。兔子大姐這才破涕為笑，一個勁地感謝鼴鼠小姐。本來，兔子大姐的很多觀念都和鼴鼠小姐不同，又因為鼴鼠小姐獲得了理財大賽的冠軍，她心裡一直都有點妒忌鼴鼠小姐，所以對鼴鼠小姐並不友善。現在，她明白了冠軍不光要有能力，還應有品德的道理，便也開始喜歡鼴鼠小姐了。

豬博士也看到了這一幕，他一眼就認出，鼴鼠小姐拿出的那個橡果就是他昨天放在講桌上的，心中不免一動，認為自己果然沒看錯鼴鼠小姐。他自言自語：「都說成功不易，但其實很多時候成功早已向那些有心人敞開了懷抱。」

課程結束後，豬博士對鼴鼠小姐說：「明天讓企鵝先生也來聽課吧！明天的課程對他也很有用呢！哈哈！」

鼴鼠小姐感謝了豬博士後，就高高興興地回家去了。

## 本章小結論

1. 當財富累積計畫開始後，必須經過三個階段的等待。第一階段是扎根期，這時候即使付出也不會有任何收穫，因此最難熬；第二階段是成長期，將初見成效，但仍然沒有收穫的機會，必須繼續等待和堅持；直到第三階段，我們才能實現財富自由。

2. 在財富種子的扎根期和成長期，必須學習 721 帳戶管理模

式。其中 7 代表 7 個支出帳戶，2 代表 2 個理財帳戶，1 代
表 1 個被動收入帳戶。

3. 7 個支出帳戶分別用於：日常消費、保險、養老、教育、備
用金、獎勵和慈善。

4. 理財的目的是管理錢，涉及賺錢、花錢、生錢和用錢等。

Chapter 7

# 三堂理財課 III：
# 理財大講堂

請你帶著以下問題閱讀：

1. 開始擬定財富累積計畫之前，要注意什麼？

2. 收入不高，有必要執行理財嗎？

3. 想要進行投資，該買什麼投資產品比較安全呢？

4. 當財富不夠時，是否需要規劃買房？

第三天的課程開始了，教室裡群情激昂、掌聲雷動。豬博士正在給大家介紹站在他身旁的幾位老師，有金融專家貓頭鷹教授、證券專家黑猩猩教授、房產專家海獺教授和財務專家梅花鹿教授等。

豬博士說：「今天，我邀請了經濟學院頂尖的投資理財團隊，為大家講解投資理財的奧祕，他們也是橡樹國國家財富基金的創建者。」

大家報以熱烈的掌聲，教授們也一一點頭致意。

豬博士又說：「這麼多的投資理財知識，不是上一堂課就能完全掌握的。如果你還想進一步學習，可以參加這些老師自己的公開課程，當然，這一切都是免費的。我們經濟學院的宗旨就是，讓橡樹國的每一位有志青年，都能得到金融理財方面的教育，將來為國效力！」

又是一陣雷鳴般的掌聲，還有學生在高聲吶喊：「請老師放心！謝謝老師！」

豬博士笑著說：「在你們向這些老師提問之前，我們還是要一起回顧一下昨天的課程。」豬博士頓了頓，接著說道：「昨天，我們一起種下了 10 個橡果，記得嗎？那也代表著 10 個計畫，因為在經營管理具體的帳戶之前，你們還必須為每一個帳戶制訂一個計畫，而這 10 個計畫組合起來形成的總計畫，就是你們自己的人生理財規劃。所以，我希望你們能認真執行這些計畫，不要怕麻煩，也不要偷懶，能做到嗎？」

「能！」大家齊聲說道。

豬博士又回顧了這些帳戶的管理方法和要領，他的教學風格一直以嚴謹著稱。他講的大致意思是：這 10 個帳戶其實是一個家庭理財總帳戶的 10 個功能子帳戶，遵循「統一管理、相互調劑、及時補充」的原則。

他進一步解釋道：「這些功能子帳戶其實是虛擬的，一般都會統一放在一個具體的理財帳戶裡，在需要花費的時候再進行提取，但必須專款專用。比如，應急帳戶的資金是可以放在理財帳戶裡的，但不能因為想買夢想品而去挪用，夢想品必須要等到對應的理財帳戶，即獎勵帳戶的積蓄達到一定規模後才可以購買。」

為了確保大家做到這一點，豬博士要求大家制訂一個理財帳戶的獎勵計畫，獎品就是那些自己想買的商品。

企鵝先生想起了自己夢寐以求的電吉他，不禁有點走神。旁邊的鼴鼠小姐用手肘狠狠地撞了他一下後，他才回過神來，又繼續聽豬博士的講解。

豬博士繼續說道：「一個普通的家庭在做這些規劃之前，一定要利用三到六個月的時間來做帳，找到家庭收支中的資金流向，並想辦法將消費帳戶的支出減到最少，如果有些支出是你貸款消費導致的，還要儘快將其砍掉，因為超前消費對財務狀況的影響是最大的。」

豬博士喝了口水後，又滔滔不絕地講解起來。他總擔心自

已在哪點上講得有疏漏，如果下面的學生錯誤地理解了這些方法，那對他來說可是一種莫大的遺憾了。

企鵝先生因為沒有聽前兩天的課程，所以他的感受和鼴鼠小姐的有所不同。他更希望豬博士講些儘快賺錢的方法，而不是做帳。當他聽到豬博士說，在控制好消費這一「出水管」後，就要想盡一切辦法來增加「回流」生錢，即只用收入的 90% 來生活，而將收入的 10% 強制存到理財帳戶裡時，他更覺得這些方法對他無用了。事實上，後來他因為這種理念差異，沒少和鼴鼠小姐發生爭吵，要不是朋友大鵝夫婦的多次開導和勸解，他們家庭的小船將很難前行了。不過，鼴鼠小姐總能體諒丈夫的不易，所以每次都原諒了企鵝先生。固執的企鵝先生也知道自己有時出言不遜，甚至傷了鼴鼠小姐的心，也懊悔不已。好在最終，他們還是握手言和、冰釋前嫌了。

記得有一次，企鵝先生說：「每個月的開銷都是固定的，根本存不下什麼錢。況且現在咱們的收入並不高，拿這麼一點錢去投資理財，根本就沒什麼價值，也賺不了什麼錢的。」

鼴鼠小姐則說：「我們已經度過了最艱難的歲月，現在我們的生活正逐步好轉，但我們要想真正改變現在的生活，真正地富裕起來，就得改變原來的存錢方式。你不是說還想自己開個漁場嗎？不需要一點本金嗎？本金什麼時候才會有呢？你好好想想吧！」

後來，企鵝先生同意了鼴鼠小姐的做法，但他內心還是有

點不服氣。但正是對理財的誤解和忽視，為他日後經營企業埋下了危機的種子，儘管此時課堂上的企鵝先生並沒有意識到這一點。

豬博士說道：「理財不是富人的專利，而是普通人變成富人的利器。接下來，就請大家暢所欲言，共同走進投資理財的世界吧！」說完，他就坐在椅子上休息起來。大家開始發言了，誰都渴望把握好這短暫而寶貴的發言機會，要知道他們面對的可是成功的投資理財專家。

猴子大哥搶先說道：「請問貓頭鷹教授，國家財富基金的主要投資工具有哪些？」

貓頭鷹教授說道：「目前，我們的投資工具 80% 是股票債券類資產，15% 是全球的房地產，還有 5% 是一些國家參與的大型專案。」

猴子大哥又說：「那對個人家庭來說，我們該如何規劃理財帳戶裡的資金呢？因為現在的資金還不是很多！」

貓頭鷹教授笑著說：「可以買入我們的基金。那樣，你們也會擁有和我們一樣的資產配置了。」

兔子大姐說道：「那我們自己也可以投資股票和債券，為什麼還要買基金呢？」

貓頭鷹教授仍然笑著說：「還是請黑猩猩教授來回答吧，在這方面，他比我更專業呢。」

黑猩猩教授戴了一副眼鏡，只是鏡框是白色的，使他看起

來有點滑稽。鼴鼠小姐發現這些講課的教授，除了貓頭鷹教授之外，居然都是戴眼鏡的，心想自己回去也要買一副來戴，也許就能將理財學得更好。

只見黑猩猩教授走向講台中央，說道：「因為我們可以買到的股票和債券，普通人不一定可以買到。比如，我們會用一大筆資金來進行新股的申購，也會在與我們合作的各國國家銀行買入信用級別更高的債券。明白了吧！」

「但是對於二級市場的股票，你們恐怕也和我們個人股票投資者是一樣的吧？畢竟我們買的都是同樣的股票啊！」兔子大姐又說道。

「是一樣，但也不一樣。其實，基金也分債券基金、股票基金、指數基金和混合基金這幾類。就拿股票基金來說，我們都是根據一定的選股模型來確定購買的，並且還會分析大量的資訊。所以，我們和你們可能都會買股票，但我們和你們可能買的是不同的股票，或是在不同的時間點買入同樣的股票。」黑猩猩教授解釋道。

「我看買股票的股民，沒有多少人是獲利的，更別說透過買股票實現財富自由了！」兔子大姐繼續說道。

「是的，賺錢的總是少數人，社會上的富人不是也相對較少嗎？這沒什麼奇怪的。」黑猩猩教授淡淡地說道。

「那為什麼國家財富基金的股票占比會那麼高呢？」旁邊的燕子小姐問道。

「因為個人買股票相對不容易賺錢，但以基金的形式買股票卻更容易長期盈利啊！」黑猩猩教授說道。

「這是什麼原因呢？不明白！為什麼個人炒股可能會輸，而基金買股票會贏呢？」燕子小姐不解地問道。

黑猩猩教授笑了笑，他走到白板旁邊，拿起了一根教鞭，在空中比劃了一下，燕子小姐當時還嚇了一跳。

黑猩猩教授笑得更厲害了，還用手捂住了嘴巴。不過，很快他的神情就又恢復了嚴肅，他說道：「如果這是 1 根釣魚竿，你說 10 根釣魚竿和 1 根釣魚竿，用哪個釣到魚的機率會更大呢？」

燕子小姐說：「那肯定是用 10 根啊！」

黑猩猩教授說：「對！那如果是 100 根、1000 根或 10000 根呢？用哪一個釣到魚的機率更大呢？」

「當然是用 10000 根了。」燕子小姐答道。

「而國家財富基金的魚竿可能有上百萬根，現在你明白為什麼基金買股票會贏了吧。」黑猩猩說道。

「這就相當於兩軍對壘，一方是萬箭齊發，而另一方是單人射箭，除非這人是頂級的射手，否則勝負早已見分曉。」一旁的貓頭鷹教授也補充道。

「我明白了，怪不得我買股票很難賺錢，原來一開始就輸了啊！」燕子小姐激動地說。

黑猩猩教授繼續說：「是的。一般來講，即使大盤下跌，

個股的跌幅也是遠遠大於對應的基金的，這點你可以從個股對應的行業指數的變化情況看出來。因為行業指數或基金涵蓋的股票數量較多。其中既可能有漲的股票，也可能有跌的股票，還可能有不漲不跌的股票，所以跌幅被『平均化』了。個人因為缺乏資金、資訊和團隊的優勢，往往買到不好的股票，又拿不住好的股票，最後往往只能成為股市裡的犧牲品。」

「那債券基金安全嗎？」羊駝公子問道。

「當然，畢竟到期要還本付息嘛。不過，你也要認真閱讀基金報告裡的債券信用級別，如買到信用級別較低的債券基金，同樣也有風險。」黑猩猩教授解釋道。

「那買股票基金就不會虧錢嗎？」斑馬公子也問道。「當然會，只不過基金選股較為嚴謹，不會買到那些突然下市的股票，而個人投資股票一旦遭遇公司經營不善，其本金有可能全部損失。」黑猩猩教授說道。

「那太危險了，還是買股票基金為好啊！」斑馬公子說著，還迅速吐了下舌頭。

「事實上，一個家庭的理財計畫也應將重點放在基金上。但各基金要有恰當的配置占比才行，畢竟每個人的心理承受能力都是不同的。」黑猩猩教授邊說邊在白板上畫了個表格。

黑猩猩教授指著這個表格，說道：「債券基金很安全，所以必須要配置好，它也相對穩定，所以可以做為諸如日常消費帳戶的資金來源；股票基金有一定的波動性，可以根據股市情

## 黑猩猩教授的家庭理財基金配置建議

| 分類 | 債券基金 | 股票基金 | 指數基金 | 混合基金 |
|------|---------|---------|---------|---------|
| 概念 | 主要投資於債券，其債券持倉比例一般為80% 以上 | 主要投資於股票，其股票持倉比例一般為80% 以上 | 主要投資於相應股票指數的一籃子成分股票 | 同時投資於股票、債券和貨幣市場等工具，持倉比例較靈活 |
| | 債券是指政府、金融機構或企業向投資者發行的，承諾到期還本付息的債權債務憑證 | 股票是指股份公司為籌集資金發行的所有權憑證，可以轉讓、買賣，但不返還資金 | 股票指數是由證券交易所或金融服務機構彙編的參考指標，用於顯示股市的變化 | 其中，貨幣市場主要投資於國庫券、商業票據、短期政府債券和企業債券及銀行高額定存等 |
| 配置占比 | 40% | 30% | 20% | 10% |
| 備註 | 本配置占比僅供參考，可根據實際情況做出調整 | | | |

況的好壞來進行配置占比調整；指數基金從長期來看是一直上漲的，所以可以長期持有；另外，混合基金也可以少量配置。」

此時，坐在後排的鼴鼠小姐問道：「股票基金應該只買一支，還是多買幾支呢？」

黑猩猩教授說道：「基金購買股票實際上避免了股市的系統性風險，但在購買基金時，則相對分散一些更好，這樣在某檔基金表現不好時，你也可以將其賣出並買入表現好的基

金。」

鼴鼠小姐又問道：「那股票基金該什麼時候買呢？什麼時候加倉，什麼時候減倉呢？」

黑猩猩教授笑著說道：「這個問題比較專業，一兩句話也說不清。但大的方向是，當你想買股票時，你就可以買入對應持股的基金；而當很多人都想要買這檔股票時，你反而應該考慮將其減倉賣出。但要注意，基金本身是中長期投資產品，短期賣出一般會產生較高的費用。長期來看，優秀的基金即使短期下跌，未來也會上漲，畢竟像我們這些基金的管理人員也不希望看到基金長期虧損。」

鼴鼠小姐還想繼續發問，但被旁邊的企鵝先生拉住了，企鵝先生想問問關於房子的問題。

這時，豬博士突然發言了：「黑猩猩教授講得沒錯！基金本身就是長期理財產品，將其做為將來養老和教育等方面的資金的來源，是非常合適的。要知道，基金投資的奧祕就是未來紅利。只要你們相信橡樹國的未來會更好，就要握緊手裡的那些優秀基金，包括我們橡樹國的國家財富基金。」

「我想問一下海獺教授關於房子的問題！」說話的是之前一直沒吭聲的刺蝟先生。

「不知你想問哪一方面的問題呢？」海獺教授說。「我想知道為什麼要花錢買房，我就住在自己修的窯洞裡，感覺也一樣舒適啊！」刺蝟先生慢吞吞地說道，這也是企鵝先生心裡所

想的，他們都覺得將錢存在銀行就可以了，而不用再花錢買房子。

「首先，買房是『不用花錢』的，因為你的錢還在，如果你把房子賣了，錢就回來了，所以買房其實是在存錢；其次，買房可以減少生活中絕大部分的無用花費，要知道很多時候，我們都不知道把錢花到哪裡去了呢！」海獺教授說道。

這時，馬助教急匆匆地走了過來，並對豬博士耳語了幾句，然後豬博士大聲說道：「海獺教授說得很好，如果大家在這方面還有問題，將來可以繼續向海獺教授請教。因為時間關係，這個環節要提前結束了。剛才國家財富基金委員會的人要教授們馬上去三樓開會。請同學們為教授們鼓掌，感謝他們的辛苦付出！」

鼴鼠小姐本來還有很多問題要問，但聽豬博士這麼說，也就跟著鼓起掌來。

豬博士在各位教授離場之後，說道：「大家的表現令我非常滿意，三天的理財課就要結束了，祝大家學有所成！」

大家正要鼓掌，卻聽豬博士仍在說：「不過，你們離開課堂之前，還有一件事情要做。」

豬博士讓馬助教給每人發了一張白紙，要求大家寫下覺得自己不敢做的事情。企鵝先生在白紙上，寫下了「我不敢當眾演講，我不敢丟掉工作，我不敢失敗，我不敢面對自己的內心……」。鼴鼠小姐在旁邊看著，差點笑出聲來，沒想到自己

的丈夫還有這麼多的小祕密。

　　豬博士讓大家來到操場旁邊的土地上，一起用鐵鍬挖了一個大坑，把這些紙全都扔在坑裡，並讓企鵝先生做為學生代表來點燃了這些紙。

　　看著熊熊燃燒的火焰，豬博士大聲說道：「把這些束縛你們的，你們認為自己做不到的事情，都埋葬在這裡吧！從現在開始，你們將擁有一個全新的自己和一個美好的明天！」

　　隨後，大家一起動手，將灰燼用土掩埋了起來，企鵝先生還在上面踩了幾腳。在和豬博士告別後，他就騎著摩托車帶著鼴鼠小姐回去了。

　　他們沿著校園裡的柏油馬路，向教學樓的另一邊駛去，那邊有學院的另一扇門。鼴鼠小姐突然發現，原來經濟學院這麼美，在一個長方形噴泉的兩邊，佇立著很多名人的雕像。噴泉的水柱很高，在陽光的照射下，還形成了一扇很大的「彩虹門」。企鵝先生帶著鼴鼠小姐飛快地從「彩虹門」下方駕車穿過，留下了他們歡快的笑聲。

　　鼴鼠小姐同時發現，丈夫企鵝先生的駕駛技術好像也比平日好了許多，企鵝先生彷彿正帶她向著更美好的未來快速駛去。

**本章小結論** ～～～～～～～～～～～～～～～～～～～～～

1. 家庭理財總帳戶分成 10 個功能子帳戶，遵循「統一管理、相互調劑、及時補充」的原則。這些功能子帳戶其實是虛擬的，一般都會統一放在一個具體的理財帳戶裡，在需要花費的時候再進行提取，切記要專款專用。

2. 一般家庭在做理財規劃之前，要利用三到六個月的時間來做帳，找到家庭收支中的資金流向，並想辦法將消費帳戶的支出減到最少。如果有些支出是貸款消費導致的，還要儘快將其砍掉，因為超前消費對財務狀況的影響是最大的。

3. 只用收入的 90% 來生活，而將收入的 10% 強制存到理財帳戶裡。

4. 家庭的理財計畫也應將重點放在基金上。但各基金要有恰當的配置占比才行，畢竟每個人的心理承受能力都是不同的。

Chapter 8

# 大鵝夫婦的煩惱

請你帶著以下問題閱讀：
1. 家裡因購物理財問題起爭執時，該怎麼調停？
2. 買家用品，買有品牌的還是便宜的比較好？有沒有一套
   評判的標準？

鼴鼠小姐覺得：有些理論雖然簡單明瞭，但現實中的現象卻複雜多變，並不是很好掌握，尤其是對於不善學習和思考的人來說。

　　就像多年後，他們的鄰居大鵝夫婦，為了給家裡購置商品，爭吵得非常厲害。對此，大家一致推選鼴鼠小姐來做他們家庭理財矛盾的協調官。

　　猴子大哥說：「不就是因為買東西意見不合嗎？鼴鼠小姐可是咱們的理財冠軍，你們何不請她幫忙分析一下呢？」

　　「那當然好了，就是不知道鼴鼠小妹你有沒有時間呢？話說回來，也都是些小事，但我實在勸不了我丈夫。」鵝大嫂說道。

　　「當然可以，明天上午我和企鵝先生到您家，與您和大哥聊聊，好久都沒去您家了呢！」鼴鼠小姐爽快地答應了。

　　第二天一大早，鼴鼠小姐對企鵝先生說：「親愛的，昨天我答應了鵝大嫂去她們家，咱們吃完早餐就早點動身吧！」

　　「哦，大鵝夫婦，那我們還可以再等一會兒，我知道他們有晚上看電視的習慣，這個時候去，恐怕有點早呢。」企鵝先生看了看表，笑著說，「記得當年我們也時常為一些小事爭吵，大鵝夫婦還經常來勸我們呢，現在好像顛倒了，人生真是很奇妙啊。」

　　「還說呢，其實你比鵝大哥更固執，只是你是沉默型的，鵝大哥是爆發型的，但論固執，你絕對更勝一籌。」鼴鼠小姐

笑著說道。

「我那是善良與單純，也是我的認知方式造成的。我是80% 的完美主義者，對新技術或新思維的學習和理解是比別人慢的，但對掌握後的知識和技能立刻就能做到靈活運用。我多年來也一直在調整自己的認知方式，儘量聽取別人的意見和建議，不被自己的思維模式所束縛。」企鵝先生說得很認真。

「你這是聽誰說的？我怎麼從沒聽你這樣評價過自己呢？」鼴鼠小姐感覺丈夫說的是她從沒聽過的。

「是豬博士告訴我的，他要我先學會認識自己，再去認識社會。若不是他點醒我，我都不明白自己是什麼樣的人。」企鵝先生說道，鼴鼠小姐也贊同地點點頭。

大鵝夫婦的家在月牙河附近的一個池塘旁邊，是一棟木質的二層小樓。當企鵝鼴鼠夫婦到達的時候，他們已經看見大鵝夫婦在院子裡爭吵了，孩子們都躲在一旁，氣氛好像很緊張。

鵝大哥好像已經發火了，他朝著鵝大嫂大聲嚷道：「就這麼一點小事，你數落了我一晚上，連早餐也沒給孩子們做，還在不停地說我，你也太過分了吧！」

鵝大嫂的聲音更加尖厲，她叉著腰，眉毛都擰到了一起：「就一台破電視，三天兩頭地壞，還差點漏電把房子燒了，我不和你說，我和誰說去。我哪有心情做早餐，我都快被你氣炸了。你也是孩子們的父親，你為什麼不能給孩子們做早餐呢？難道做早餐的就一定是母親嗎？……」

大鵝夫婦的孩子們發現鼴鼠小姐和企鵝先生來了，正要告訴媽媽，卻被鼴鼠小姐攔住了，她把手指放在嘴上，做了個不要說話的手勢，便和企鵝先生及孩子們坐在一旁的小凳子上，一齊看著大鵝夫婦爭吵。

　　直到大鵝夫婦漸漸吵累了，鵝大嫂一回頭，看見鼴鼠小姐他們都整齊地坐在那裡旁聽，不免吃了一驚。她不好意思地說：「你們什麼時候來的？我都吵昏頭了，你們也不說一聲，盡看我出醜了。」

　　鵝大哥也難為情地說：「這是我們家的『常態』，你們千萬別介意啊！」

　　「到底是什麼問題讓你們這麼生氣？」鼴鼠小姐怕他們的爭吵升級，就直切主題。

　　鵝大嫂沒等丈夫說話，就拉起鼴鼠小姐走進屋內。一樓應該是客廳，沙發好像還是當年的款式，上面凌亂地堆放著孩子們的衣服和書本，地毯已經很陳舊了，且落滿了灰塵。茶几上還有昨日沒洗的餐具，餐桌上也是，放著很多杯子和碗筷。木地板有幾塊已經損壞了，但還沒有修補。沙發對面的牆上，掛著一台很小的電視。

　　鼴鼠小姐心想，她記憶中的大鵝夫婦的家可完全不是這個樣子，當年這裡的一切都是嶄新的，木地板都是打過蠟的，而且散發著原木的氣息。家裡也不是這麼亂的，當年的鵝大嫂把家裡整理得井井有條。記得鼴鼠小姐還帶著企鵝先生來參觀過

幾次，希望企鵝先生能以鵝大哥為榜樣，將家庭打造得整潔而溫馨。眼前的一切，讓鼴鼠小姐都不敢相信自己的眼睛。

鵝大嫂好像也感受到了什麼，但她已顧不上做更多的解釋，畢竟離上次鼴鼠小姐來他們家已經過了很多年了，很多變化她自己也是不想的。她指著牆上的電視說道：「本來，我們打算和兔子夫婦一起買台大品牌的大螢幕電視。你知道嗎？我現在最大的樂趣就來源於電視劇，畢竟現實生活中充滿了不愉快。但你鵝大哥非要聽信別人，說買非品牌的可以省不少錢，結果就買了老鼠兄弟工廠生產的山寨版電視。」

「那豈不是品質沒有保障？售後服務恐怕也成問題呢！」鼴鼠小姐說道。

「就是說啊！買了沒兩天就不能看了，打電話也沒人來修。」鵝大嫂說道。

「最差也得有個保固期吧！你們沒去投訴他們嗎？」鼴鼠小姐說道。

「投訴了，說有保固期，可是遲遲沒人來修理啊。就這樣等了三個月，終於有人來修理了，可是修好沒幾天又不能看了，接著就是漫長的拉鋸戰。最後，一年的保固期也過了，電視還是不能看！」鵝大嫂氣憤地說。

「那再買一台算了，何必和他們慪氣呢？咱就當花錢買個教訓就是了。」鼴鼠小姐說道。

「我也是這麼對你鵝大哥說的，他倒好，又買了一台更小

的雜牌電視，居然還是老鼠兄弟工廠生產的。我說他太容易相信別人了，他還埋怨我，說人家解釋說上一台電視壞了是我們家電壓不穩造成的，而且買這台小電視還能再優惠不少錢。」鵝大嫂說道。

「那看來這回又被騙了吧！」鼴鼠小姐已經明白是怎麼一回事了，她對鵝大嫂的經歷很是同情，她明白再高的山也阻擋不住人們前進的步伐，但鞋裡的沙子卻足以讓你停下腳步，鵝大嫂正承受著類似的精神折磨，難怪她的情緒老是失控了。

「你說對了，這台電視還不如之前那台呢，經常沒畫面，就算有畫面了，那畫面自己還能『走』了……總之，兩年了，我都沒好好看過一部電視劇，你說，氣不氣人？」鵝大嫂也說累了，語氣中透著無奈。她其實也不明白，為什麼自己的家庭會慢慢變成這樣。她有時甚至想和鵝大哥分開，要不是因為對家庭的牽掛，她早就無法忍耐這種無趣的生活了。她還時常用一句話來安慰自己：「相愛容易相處難。」

鼴鼠小姐此時已經完全明白大鵝夫婦的問題了，她打算像當年他們幫助自己那樣來幫助他們。

鼴鼠小姐說：「我知道你們的問題出在哪裡了，把鵝大哥也請進來吧，大家心平氣和地談一談，這樣才能真正解決問題。」

鵝大嫂把鵝大哥和企鵝先生請進了屋內，大家都坐在沙發上，等待鼴鼠小姐提出解決方案。

鼴鼠小姐也沒客氣，她說道：「你們是我和企鵝先生的貴人，正是你們當年對我們的無私幫助，讓我們改變了對對方的態度，讓我們兩個性格和生活習慣完全不同的人，能攜手走到今天，這點我和企鵝先生都是銘記在心的。」

　　鼴鼠小姐停頓了一下，她看了看大鵝夫婦的表情，他們都面有愧色。

　　鼴鼠小姐接著說道：「你們夫妻二人先各自說一下，你們認為自己對的地方。女士優先，請鵝大嫂先說吧。」

　　「好的。我認為我說我丈夫的目的是想讓他不要受騙，不要輕易聽信別人而不聽家人的話，還有就是不要浪費錢。比如那個馬桶，換了幾個了，還是不太好用，還不如當時和兔子夫婦一起買品牌馬桶，人家的品牌馬桶到現在都用得好好的。」鵝大嫂委屈地說道。

　　「我認為我的做法也是對的，買便宜的東西就是為了給家裡省錢，畢竟我們的經濟狀況不好。我做這些也是為家裡好，難道我們節儉點就不對嗎？」鵝大哥急得眼淚都快掉下來了。

　　「好了，那再說一下你們認為自己不對的地方吧！還是女士優先。」鼴鼠小姐說起話來就像個法官。

　　「好的。我認為我最不對的地方就是，我沒有能力說服我丈夫聽取我的意見，我沒有把家照顧好，沒有關心孩子們的生活。我們的家境一直不是很好，我卻選擇了逃避現狀，我看電視劇就是為了逃離枯燥乏味的生活……誰不想過精彩的生活？

當年我還勸你們要體諒對方、和睦相處呢。可是我們自己的日子卻過成了這樣，我真是又氣又慚愧，真不知道該如何是好。難道這就是我們的命運嗎？」鵝大嫂聲淚俱下。

一旁的鵝大哥也哭了，他向來是個硬漢，但面對妻子的哭訴，他的心在流血，他說：「親愛的，不要哭。都是我的錯，我沒有能力讓你過上好的生活，想著省錢卻被騙，結果花了更多的錢。這幾年，你我時常爭吵，我卻無能為力，只能在內心不停地唾棄自己。真對不起，我沒能保護好你！」

「別說了！是我不好，我其實也知道你有壓力，但我不但沒有體諒你，還經常指責你，都是我的不對。我們永遠是一家人！」鵝大嫂流著淚，握緊丈夫的手說道。

鼯鼠小姐的眼眶也濕潤了，但她仍平靜地說道：「好啦，聽了你們說的話，我覺得你們還是相愛的。問題其實出在經濟上。本來，經濟狀況不佳也不是什麼丟人的事情，但你們的做法讓這件事情變得更糟了。鵝大嫂如果能敢於面對現狀，而不是逃避責任，那家裡的事情就能被安排得更好。電視是可以買台小一些的，但鵝大哥你對節儉的認知誤差，讓你好心辦了壞事。如果你們能像今天這樣談話，我想你們的生活還是會很幸福的。聽聽屋外你們孩子的嬉戲聲吧，這難道不是幸福嗎？為了一台電視，而忽略了身邊最重要的人，這本身就是錯誤的。」

大鵝夫婦都點頭稱是，鵝大嫂說：「我想通了，我們其實

是被這些瑣碎的小事影響了，而沒有管理好的情緒又再次放大了它們對我們的影響。其實，就算沒有電視，就算我們虧了錢，我們還有家人，這才是我們真正的財富。」

鼴鼠小姐說：「這就對了，鞋裡的沙子影響了你們，吸引了你們的注意力，讓你們無法全心全意關注前進的方向，要知道，家庭小船的目的地才是我們最應關注的。」

企鵝先生也插話道：「鞋裡的沙子也是需要清理的，這一點就是我們應該額外再做些什麼來處理的，人生不可能總是一帆風順的。」

鵝大哥看著鼴鼠小姐說道：「我也想通了，但我還想讓你說說我的錯誤所在，你說我對節儉的認知有誤差，我還是不太明白。」

「那鵝大哥你認為，買什麼樣的東西是節儉呢？」鼴鼠小姐看著鵝大哥說道。

「當然是價格低的了，這還用說嗎？」鵝大哥滿不在乎地說道。

「那你就大錯特錯了！」鼴鼠小姐回答道。

「怎麼會錯呢？我買的電視不好，只是個偶然事件，朋友買的同款電視，到現在都好好的呢。」鵝大哥說道。

「你朋友能以如此低廉的價格，買到能長期使用的好電視才是偶然事件，鵝大哥你買到很快壞掉的差電視其實是必然事件。你想想，電視的價格那麼低，那它的成本就會更低，品質

又怎麼會好呢？」鼴鼠小姐解釋道。

「可是兔子夫婦買的電視價格太高了，我買的的確便宜呀！」鵝大哥也糊塗了，說話的聲音小了許多。

「衡量是否節儉的標準其實從來都不是價格，而是時間！」鼴鼠小姐緩緩說道。

「怎麼會是時間呢？」鵝大哥不解地問道。

「我的老師豬博士曾告訴我，長期使用的商品要看其在使用期間內發生的所有費用；單次使用（也包含短期使用）商品，則只看一開始所需支付的費用。電視是長期使用的商品，而你卻將其看作單次使用商品，以單次使用商品對應的計費方式來考量，這難道不是對概念的誤解嗎？」鼴鼠小姐說道。

「哦，我明白了！是我的錯，我一直認為買價格低的商品就是節儉，其實並沒有認真分析，原來這其中還有學問呢。怪不得，你上完豬博士的理財課，你們家的財富就芝麻開花——節節高了，我還以為你們買彩券中了大獎呢。」鵝大哥苦笑道。

「我當時是買過彩券，但那僅是娛樂罷了，想靠買彩券致富，那可又是偶然事件啦。哈哈！」企鵝先生笑著說道，他和鵝大哥的關係其實很好，那時他們什麼都聊。

「看來，我還得向你們多學習呢！這方面，我差得太多了。」鵝大哥抱拳說道。

「是啊！他就是很倔，很固執，很多事情，非得弄清楚

才肯甘休。我也得向鼴鼠小妹你學習呢！沒想到你懂得這麼多！」鵝大嫂也抱拳說道。

「我可要批評您了！怎麼又數落起鵝大哥來了！哈哈！」鼴鼠小姐笑道。

「唉！習慣了，這個毛病，我一定改！」鵝大嫂紅著臉說道。

「豬博士曾說過，『婚姻是人生中一場重要的投資，夫妻是最好的搭檔，而離婚就好像破產』。他還說，『鼓勵的力量大於批評的力量』。所以，我建議你們家從今天開始舉辦一個『誇獎大賽』，看看誰能獲得冠軍。」鼴鼠小姐說道。

「好的，老公。我們就聽鼴鼠小妹的話，從現在起，只誇對方，不批評對方，怎麼樣？」鵝大嫂說道。

「好哦！太棒了！」門口闖入了大鵝夫婦的幾個孩子，他們在那裡歡呼跳躍，看來已經在門外偷聽許久了。

鼴鼠小姐看著這些天真爛漫的孩子，感覺自己又做了一件很有意義的事。她和大鵝夫婦約定好了，以後有空，大鵝夫婦都可以帶孩子來鼴鼠小姐家裡玩，順便聊聊理財的事。

三週後的某天，企鵝鼴鼠夫婦再次去大鵝夫婦家拜訪。讓他們感到驚訝的是，原來那看起來破舊的房子，現在已被打掃得煥然一新。木地板破損的地方都修補好了，而且都打了蠟，發出淡淡的光澤。沙發上放著鵝大嫂做的彩色沙發墊，上面還繡著他們一家人的頭像。牆上的破電視也換成了一台小型品牌

電視，電視裡正播放著動畫片《尼爾斯騎鵝旅行記》，孩子們看得津津有味，時不時還發出一陣陣歡笑聲。

大鵝夫婦好像也年輕了許多，他們的臉上沒有了過去的愁容，他們的口中多了關愛對方的話語。他們可能不會像企鵝鼴鼠夫婦那樣富有，但這並不妨礙他們獲得快樂。而且，在不斷向鼴鼠小姐學習後，他們家的經濟狀況也出現了好轉。鵝大哥在池塘邊弄了一個垂釣體驗基地，鵝大嫂則負責給來這裡垂釣的顧客製作美食，他們的日子過得熱熱鬧鬧。

鼴鼠小姐看在眼裡，喜在心上，她是個知恩圖報的人，她真心為大鵝夫婦的轉變而感到高興。


## 本章小結論

1. 先學會認識自己，再去認識社會。
2. 長期使用的商品要看其在使用期間內發生的所有費用；單次使用（也包含短期使用）商品，則只看一開始所需支付的費用。
3. 家庭小船的目的地才是我們最應關注的。

衡量是否節儉的標準其實從來都不是價格，而是時間。
長期使用的商品，要以使用期間內發生的所有費用來衡量。

Chapter 9

# 餐桌上的辯論

請你帶著以下問題閱讀：
1. 購買奢侈品，就是奢侈的行為嗎？
2. 小資族資金不多，什麼時候才適合買奢侈品？

鼴鼠小姐自從學習了豬博士的理財課程之後，就開始了自己的理財實踐，雖然效果還不太明顯，但她依舊樂觀地生活著。

　　在剛參加完三堂理財課後的某一天，鼴鼠小姐又遇到了兔子大姐。兔子大姐好像變得時髦不少，她手上戴著耀眼的鑽石戒指，脖子上還戴著一串很大的海麗國出產的黑珍珠項鍊，穿著名牌服裝，手提一個星羅國產的名貴手提包，正從一輛時髦的香檳色轎車上下來，和鼴鼠小姐熱情地打招呼。

　　「嗨！理財冠軍，好久不見啊！」兔子大姐擺出一副得意揚揚的樣子說道。

　　一陣寒暄之後，鼴鼠小姐瞭解到兔子大姐已移民海麗國，她和丈夫灰兔先生在那裡發展得不錯。兔子大姐還邀請鼴鼠小姐和企鵝先生到她的老家橡山灣聚餐，本來鼴鼠小姐是不想去的，但聽到那裡有很多經濟學院的學生時，她有點心動了。

　　「那好，我也想見見咱們的老同學呢！不知都有誰呀？」鼴鼠小姐說道。

　　「去了就知道啦，後天上午在家裡等我哦！」兔子大姐邊說邊擺了個優美的姿勢，便上車離去了，鼴鼠小姐看到她手上那顆鑽戒在陽光的照射下熠熠生輝。

　　兩天後，兔子大姐如約來接企鵝鼴鼠夫婦了。一路上，他們有說有笑，滿載歡樂的汽車向著北面的橡山駛去。

　　鼴鼠小姐發現，這裡的景色和橡樹國其他地方的景色完全

不同，公路兩旁都是茂密的橡樹林，非常幽靜。橡山是橡樹國海拔最高的山峰，山上全是綠色的橡樹。橡樹都很高大，可謂遮天蔽日。據說，山頂上還有個巨大的千年冰洞，那裡融化的水流到山下，形成了月牙河，那是附近居民最喜歡遊玩的景點之一。橡山因海拔較高，明顯比市區冷很多，鼴鼠小姐在汽車到達山腳的那一刻就感覺到了。

「這裡可比市區涼快多了啊！」鼴鼠小姐打趣道。

「忘了告訴你們了，這裡海拔要高一點，所以有點冷，不過我的舊居就在山腳的橡山灣，到那裡就會暖和一點了！」兔子大姐說道。

「沒什麼，我感覺溫度剛剛好，空氣也很清新啊！」企鵝先生說道。他本身就來自更寒冷的地區，在橡樹國唯一感覺不適應的就是這裡較高的溫度。橡樹國幾乎沒有冬天，只是有兩個月氣溫會稍低一些罷了。

鼴鼠小姐也忙說：「沒關係，這裡的確不錯，感覺很寧靜！」

「是的，這裡有最好的生活環境，而且這裡的居民也很熱情好客。你瞧，那就是我表妹家了。」兔子大姐到這裡後，聲音好像也越來越柔和了。

鼴鼠小姐看到兩間並排的小屋，小屋被塗成了粉色，天藍色的屋頂上還立著一個白色的煙囪。小屋的前面是一排用木樁圍成的籬笆牆，牆上有一扇小門通向院內，院內還種有各種蔬

菜和水果。

　　鼯鼠小姐很快就聽到了一些很熟悉的聲音，居然是他們——猴子大哥、松鼠小姐、刺蝟先生、喜鵲小姐和燕子小姐等。

　　「看誰來啦！」兔子大姐對著一群圍坐在一張大木桌旁，正聊得興高采烈的人大聲說道。

　　「是我們的理財冠軍啊！哈哈！」喜鵲小姐總是那麼活躍，她拍著手說道。

　　「歡迎你啊！鼯鼠小姐，沒想到你會來！」燕子小姐也說道。

　　「來了就多玩兩天，這橡山灣可是個好地方，有很多好玩的呢！」猴子大哥笑著說道。

　　「是的，歡迎你啊！」刺蝟先生慢吞吞地說道。

　　「好了，來了就是一家人啦！這位是我的表妹兔子小姐，這裡也是她的家，旁邊的是她的丈夫。」兔子大姐指著鼯鼠小姐不認識的兩位朋友說道。鼯鼠小姐心想：原來他們就是小屋的主人，住在這裡一定很幸福！

　　鼯鼠小姐沒想到的是，正是這位兔子小姐，日後會對她有那麼大的幫助。而現在的這位兔子小姐就是日後的兔子大嫂，不過現在她還很年輕。

　　鼯鼠小姐突然想到，企鵝先生跑到哪裡去了？原來企鵝先生見兔子大姐拉著鼯鼠小姐在前門下車後，並沒有急著跟上

去，而是隨著司機到了後面的停車場。他發現，那裡歪七扭八地停著很多汽車，雖然他叫不上名字，但感覺都很不錯。企鵝先生心想，幸虧自己沒有騎那輛摩托車來，否則停在這裡，真的是很顯眼啊。

企鵝先生從後門一進來，就被猴子大哥看見了，猴子大哥主動走上前打招呼：「好久不見啊，企鵝先生！」

企鵝先生靦腆地和猴子大哥及其他人一一握手，他有輕度的社交恐懼症，一見這麼多人，就變得十分沉默，只是靜靜地坐在鼴鼠小姐的旁邊。

鼴鼠小姐說：「感謝大家的邀請，尤其是兔子大姐，要不是她，我還不知道你們都生活在這裡呢！」

猴子大哥性子很急，他搶先說道：「你的兔子大姐現在可了不起了，成了咱們這裡的名人，去海麗國也半年多了。她和丈夫灰兔先生釀造的紅酒，可是遠銷海外呢！」

兔子大姐忙說：「紅酒生意讓我們賺了第一桶金，但現在，我們主要在海麗國做金融方面的投資呢！那才是賺大錢的好機會！」

「那快給我們講講吧！也讓我們發點小財！哈哈！」喜鵲小姐說道。

「你們哪有搞金融的頭腦，能在這裡當『土豪』就不錯啦！要知道，我先生可是海麗國金融學院畢業的，他的老師是那裡的金融家鷹先生。」兔子大姐一說到這些，立刻不自覺地

擺出一副盛氣凌人的樣子來。

「好啦，好啦！聊點別的吧！大家還等著喝咱們家的紅酒呢！」兔子小姐解圍道。

這裡的居民都知道，原來的兔子大姐並不是這樣的，可是自從她嫁給在海麗國留學的灰兔先生後，整個人都變了個樣子。不過，大家也並沒有太過於責怪兔子大姐，畢竟兔子大姐家的紅酒生意也讓他們受益不少。他們也都幫忙兔子大姐做各種工作，例如運輸、推廣銷售、種植葡萄、製作橡木酒桶等。這一年來，大家都比原來富裕了許多。

席間，兔子小姐突然對旁邊的兔子大姐說：「表姐，你知道嗎？你現在變了很多。你買那麼多奢侈品，實在是有點浪費啊！和當初在這裡居住的時候相比，你真的變了！」

原來，兩間並排小屋中的一間本是屬於兔子大姐的，她結婚出國後，就將其送給了表妹居住。兔子小姐將其連同自己原先居住的另一間重新粉刷後，當成了自己與丈夫的婚房。

兔子大姐不以為然：「什麼是奢侈品？這是我的必需品呢！到底是不是奢侈品，你們大家一起來說說看吧。」

大家隨即展開了一場「口水戰」，在餐桌上開起了辯論會。很快，大家就分為了兩大陣營——正方和反方。正方以兔子小姐為代表，他們認為昂貴的東西就是奢侈品；反方以猴子大哥為代表，他們認為昂貴的東西不一定就是奢侈品，而要看買主的經濟實力如何。

雙方辯論得很激烈，正方的喜鵲小姐說道：「價格昂貴的就叫奢侈品，這難道還有疑問嗎？」

反方的燕子小姐則說：「貴的東西，要看是誰在買。要是像兔子大姐這樣的有錢人，買貴的東西就不能叫買奢侈品。」

正方的松鼠小姐又說道：「經濟學上有奢侈品的定義，價格高而實用價值低的物品就叫奢侈品。請問，昂貴的珠寶有實際的使用價值嗎？」

反方的刺蝟先生卻說：「定義是沒錯的，但兔子大姐戴珠寶首飾，也不能叫奢侈吧？總感覺她戴上很得體呢！」

兔子大姐在旁邊一直隔岸觀火，她看到企鵝先生和鼴鼠小姐都沒表態，就對他們說：「理財冠軍夫婦，你們有何高見呢？」

企鵝先生首先說道：「兔子大姐，請別見怪。依我看，『奢侈品』三個字中的『奢』字其實已經告訴我們答案了，即『大＋者』，就是指貴的東西嘛！你們說是不是啊？」

兔子大姐點了點頭，說道：「的確，奢侈品就是指價格貴的東西，但我不覺得我買奢侈品有什麼不對。至於你們說我的行為奢侈，這我就想不通了！鼴鼠小姐，你說呢？」

鼴鼠小姐今天本來是不想說太多的，一個原因是她感覺自己畢竟是橡山灣的客人，還有一個原因是她今天喝的紅酒的確有些多了，她感覺頭昏昏沉沉的。但她聽到企鵝先生的一番「酒後直言」後，就想起了企鵝先生在家裡的種種此類行為，

還有因此而引發的幾次矛盾。

鼴鼠小姐想了想，說道：「兔子大姐，首先，你買的的確是奢侈品，但你的行為並不奢侈。其次，判斷一個人的行為是否奢侈的標準，是『侈』字，即對一個人來說多餘的東西。兔子大姐現在出國經商，佩戴珠寶首飾能提升個人魅力，並展現自己的經濟實力。所以，對她來說這些珠寶首飾就不是多餘的東西，那她的行為就不能叫奢侈了。」

兔子大姐高興地鼓起掌來，她還想再敬鼴鼠小姐一杯酒，鼴鼠小姐連連搖頭，旁邊的企鵝先生便替鼴鼠小姐喝了。

兔子小姐好像還有些不服氣，她對鼴鼠小姐說：「總之，我認為買貴的東西就是奢侈行為，畢竟要花很多錢，奢侈品可不是好東西啊！」

鼴鼠小姐回答道：「你說得沒錯，奢侈品的確不是好東西，因為它會讓你的理財計畫落空，而且還能讓人上癮，所以我的老師叫它理財的『毒品』。但任何東西都有兩面性，奢侈品的另一面則代表了經濟的繁榮。」

兔子小姐又說：「既是『毒品』，又何來繁榮呢？」鼴鼠小姐說道：「奢侈品本無錯，錯的是使用它的人。如果購買奢侈品符合你的經濟條件和身分，那就是一件好事，此時購買也不算奢侈。而如果購買奢侈品不符合你的經濟條件和身分，尤其是在經濟能力還不夠強時，那就是一件絕對的壞事了。」

企鵝先生說道：「我以前下班後，經常給你買零食和水

果，那算不算奢侈呢？當時我們的經濟狀況很不好啊！」

　　鼴鼠小姐笑著說：「節儉是為了生活得更好，雖然那些水果和零食比一般食品貴，但你讓我感受到了濃濃的情意，這怎麼算奢侈呢？不過如果是完全沒有必要買的、價格高的物品，即使等到打折時購買，看似節省，但其實買來根本沒用，這實質上也是一種奢侈行為。」

　　企鵝先生似乎想起了很多往事，不好意思地說：「因為這，我還和你吵過好幾次，現在想想很多東西的確沒用，我真是太糊塗了！那你說，什麼時候買奢侈品才不算奢侈呢？」

　　鼴鼠小姐說：「在買奢侈品不奢侈時，就像兔子大姐這樣，那就不算奢侈。」說完，鼴鼠小姐看了一眼兔子大姐，見兔子大姐沒有說話，好像仍想聽她講，就繼續說道：「有一些人雖然沒錢卻拚命去學別人購買奢侈品，這便是虛榮心作祟，而此時的奢侈品絕對是真正的『毒品』。還記得嗎，老師豬博士曾說過兩個口袋的故事，『曾經有兩個神奇的口袋，一個是善意口袋，另一個是誘惑口袋。善意口袋裡裝的是愛心與慈善，誘惑口袋裡裝的是妒忌與奢侈品』。」

　　「那到底該不該買奢侈品呢？」松鼠小姐問道。

　　「從買奢侈品的角度來說，奢侈品既可以展示自己的經濟實力，也可以彰顯個人魅力，買不買完全取決於個人。」鼴鼠小姐說道。

　　「好像老師也說過，人生就是一連串的選擇，看來做任何

事情都是有學問的啊！」燕子小姐說道。

「是的。老師在給我的理財日記本裡寫道，『享樂就是享受未來的快樂』。我一直覺得這句話很有道理，和很多人講的『及時行樂』正好相反。」鼴鼠小姐說道。

「不過，我覺得及時行樂也沒有什麼不好，畢竟人生短暫啊！」喜鵲小姐說道。

「正因為短暫，所以我們才要過得有價值。生命的意義是成為最好的自己，而不是享受短暫的快樂。」鼴鼠小姐說道。

「那究竟該如何選擇呢？」刺蝟先生慢吞吞地說道。

「仁者見仁，智者見智，每個人不同的選擇也造就了世間多樣的人生。」鼴鼠小姐說道。

這時，猴子大哥對旁邊的企鵝先生說道：「鼴鼠小姐將理財學得這麼好，你們應該過得不錯吧！你也應該多給她買些奢侈品才對啊！」

企鵝先生的臉變得通紅，他半天都沒有說出話來。因為企鵝先生知道，他們的經濟狀況並不好。他們在橡樹國也沒有任何的經濟基礎，且還要為即將出生的寶寶做好資金儲備，現在正是他們最艱難的時期。

鼴鼠小姐看在眼裡，疼在心裡，忙替丈夫解圍道：「奢侈品對我來說還不是必需品，我們還在扎根期奮鬥呢，不過我想將來都會有的，是吧？」

企鵝先生忙點頭，說：「那是一定的！」「那就對啦！哈

哈！」猴子大哥接著說道。

兔子大姐好像看出了些什麼，她對鼴鼠小姐說：「你有這樣的理念，成功是遲早的事。明天我們一起去拜訪老師豬博士吧！」

鼴鼠小姐看著兔子大姐那關切的目光，點了點頭，說：「好的。謝謝兔子大姐了。」

當天的聚會結束後，企鵝鼴鼠夫婦又回到了自己的家。

企鵝先生對鼴鼠小姐說：「親愛的，都是我不好，讓你跟著我受苦了。我一定要加倍努力，讓你過上好的生活，我也想買一枚鑽戒送給你呢！」說著，他還真從木桌的抽屜裡拿出了一個盒子，裡面居然放了一枚亮閃閃的大鑽戒。

鼴鼠小姐忙說：「親愛的，你哪裡來的錢？現在還不是買這些的時候啊！」說話的同時，鼴鼠小姐的眼中也閃現出點點淚花，要知道他們此時的經濟狀況可謂是糟糕透頂。

企鵝先生笑著說：「不用擔心，親愛的，這不是真的鑽戒，正好趕上商場打折，很便宜，我還買了好幾枚呢！」

鼴鼠小姐也不知是該哭還是該笑了，說道：「唉！剛剛才說過，買多餘的東西就是奢侈行為，你現在又買了。」

企鵝先生不好意思地說：「這是前幾天買的，因為擔心便宜容易壞，我還多買了幾枚，用不了還可以當裝飾品。」

此時，鼴鼠小姐越聽越生氣，她聯想到了很多，於是抓起那把假鑽戒朝窗外扔去（向外拋物請勿效仿）。

企鵝先生有點生氣了，他正想發火，但仍強忍著說：「為什麼這麼做？那可是我對你的心意啊！只是現實情況不允許我買真的嘛！我又做錯了嗎？」

　　鼴鼠小姐看著丈夫，百感交集，她耐心地對企鵝先生說：「我沒有全扔掉，還留了一枚，因為這是你對我的心意。當然，我是不會戴假鑽戒的，但我會保存好，等你用自己的實力買一枚真的鑽戒給我。」說著，鼴鼠小姐攤開手，手上放著一枚假鑽戒，她繼續說道：「我扔掉的那些，你不要去撿，因為那些也代表了你身上的不足。我們克服了重重的困難和阻力，來到橡樹國安家，你的責任並不輕，我和孩子未來的幸福都與你息息相關。如果你到現在還沒有遠大的目標和正確的理念，只盯著這些小事，我們當年共同嚮往的美好未來又會在哪裡呢？我知道你很辛苦，但你必須堅強，我也一樣，我們必須同舟共濟，撐起這個家才行啊！」

　　企鵝先生其實也覺得自己的行為不妥，尤其是今天聚會時聽了鼴鼠小姐說的話，於是他下定決心改變自己。

　　他對鼴鼠小姐說：「親愛的，放心吧！我會讓你幸福的，雖然我現在的能力有限，但我會努力的！這種錯誤，我以後不會再犯了，我一定會為你打造一個溫馨而安全的家庭港灣。」

　　鼴鼠小姐明白丈夫的本意是好的，她也只是想讓丈夫改掉不好的習慣，儘快獲得成功。其實，她看到企鵝先生每天辛苦地工作也很心疼。

企鵝先生看到鼴鼠小姐的眼裡滿含淚水，各種心酸不禁湧上心頭。剛到這裡的時候，他們既沒有親人，也沒有朋友，只能靠自己生存下來。想到鼴鼠小姐本是家裡的掌上明珠，現在卻跟著自己吃了不少苦，企鵝先生的眼睛也濕潤了。

　　那晚，他們抱頭痛哭，一夜未眠……

## 本章小結論

1. 判斷一個人的行為是否奢侈的標準，是「侈」字，即對一個人來說多餘的東西。

2. 奢侈品是理財的「毒品」，但也代表經濟的繁榮。

3. 當奢侈品符合經濟條件和身分時，就是一件好事，此時購買也不算奢侈。但若奢侈品不符合經濟條件和身分，尤其是在經濟能力還不夠強時，就是一件絕對的壞事。

Chapter 10

# 人生課堂

請你帶著以下問題閱讀：
1. 成就不如同輩，是否代表自己就是失敗者呢？
2. 買便宜的東西，就等於不浪費、不奢侈嗎？

第二天，兔子大姐開車來接鼴鼠小姐了，車上還有喜鵲小姐和燕子小姐，她們都是聽到兔子大姐要去拜訪豬博士，所以也要求去的。

她們來到豬博士辦公室門口的時候，見大黃先生正站在那裡。兔子大姐向他說明了來意，在大黃先生進去請示後，她們便聽到了豬博士那熟悉的聲音：「快讓她們進來！」

鼴鼠小姐看到豬博士正坐在辦公桌後。豬博士的辦公室其實並不大，一張橡木辦公桌就占了房間很大的一部分，她們四位學生坐在辦公桌前的一排椅子上，剛好坐滿。原來，豬博士自己也是很節儉的，他可以給學生最大的教室，自己卻只用有限的辦公場所。

豬博士的桌上擺著一疊書，一本書反扣在桌子中央，一支金色的鋼筆正躺在一張寫滿字的白紙上，筆帽還沒蓋上。桌子兩側分別擺放著一個金色的地球儀和一面藍色的橡樹國國旗。

大家在愉快的氛圍中交談起來，其中誇獎兔子大姐和鼴鼠小姐的話最多，尤其是誇兔子大姐是現實中的冠軍。儘管鼴鼠小姐當時沒有說話，但豬博士已經敏銳地察覺到這些學生一年以來的變化了。

他微笑著對鼴鼠小姐說：「優秀和冠軍其實是給別人看的，人最重要的還是要有自己的信念，只要你的信念仍在，你就是冠軍。你們大家也是一樣的啊！」豬博士說完，掃視了一下她們。大家都心領神會，紛紛點頭。

豬博士指著窗外，說道：「你們瞧那邊，那就是你們一起種下的橡果，它們現在都是小樹苗了。」

大家起身向窗外望去，遠處操場旁的那塊空地上長出的一排排綠色的小樹苗，洋溢著生命的活力。

鼯鼠小姐看著那些小樹苗，她想起了自己當年的誓言——用十年的時間來實現精彩的人生。

兔子大姐準備回海麗國，所以她起身向豬博士道別，大家也準備和兔子大姐一起回去。這時，豬博士卻留下了鼯鼠小姐，說要和她商量下一屆理財大賽的題目。

豬博士對鼯鼠小姐說：「孩子，你遇到什麼難題了嗎？」

鼯鼠小姐低著頭說：「我覺得我只會紙上談兵，現實中的我過得一塌糊塗，是個失敗者，給您丟臉了！」

豬博士非常關愛自己的學生，他對鼯鼠小姐的期望很高。他關切地問：「是什麼讓你覺得自己是個失敗者呢？在我眼裡，你依然非常優秀。」

鼯鼠小姐看著豬博士，說：「真的嗎？老師，我可是剛才您的幾位學生中，過得最差的一個。」

豬博士笑著說：「傻孩子，我明白了。你因為現實中的生活過得不如另幾位同學，就有點自卑了。你忘了我說的話了嗎？在我眼中，橡果就是橡樹，而橡樹其實也是橡果。就像你一樣，未來的你由現在的你造就，現在的你正在為成為未來的你積蓄力量。」

鼯鼠小姐說：「老師，我明白！但現實經常是殘酷的，我每天都要面對微薄的收入，每筆開支就像扎在我的心上一樣。我們沒有積蓄，那筆獎金馬上也要用完了。我做了一年的幼兒教師，收入也不是很理想。而我的丈夫企鵝先生還被困在一些小事上，在工作上也沒有大的進展，雖然辛苦，收入卻很低。我不知道我們未來究竟路在何方，我時常感覺很迷茫，夜晚常常被莫名的恐懼驚醒。我還時常感到不安，頭也昏昏沉沉的，但這些又不能讓別人看出來，有時掩飾得真的很痛苦……」

　　鼯鼠小姐說著說著，便難過地趴在豬博士的辦公桌上哭了起來。

　　豬博士沒有說話，只是遞給了鼯鼠小姐一包紙巾。他深深明白一個普通人要想成功蛻變有多難！人們都渴望華麗轉身，卻不知那要付出多大的代價，尤其在轉身前還要擦乾眼淚。但這一切又都是必須經歷的，因為沒有淚水就沒有至深的感悟。

　　豬博士覺得鼯鼠小姐應該哭夠了，就對她說：「我知道你心裡很難受，都哭出來吧！在老師這裡，沒有人笑話你。」

　　「老師，我們一直在和命運抗爭，但我們的生活怎麼越過越辛苦，我真的不知道該怎麼辦了！」鼯鼠小姐傷心地說道。

　　「我理解，但也許有更好的辦法。」豬博士說道。

　　「還有比抗爭更好的辦法嗎？那是什麼？」鼯鼠小姐止住了眼淚，問道。

　　「就是不抗爭。」豬博士淡淡地說道。

「那不就是放棄嗎？我拚命抗爭都沒有成功，怎麼能放棄呢？」鼴鼠小姐說道。

「因為有些時候，不抗爭就是抗爭，不抗爭不是放棄，不知你能不能理解呢？」豬博士又說道。

「就像無聲地抗爭嗎？」鼴鼠小姐的眼裡充滿了疑問。

「也不是。我也有過類似的經歷，在家族衰敗的那些歲月裡，好像每一次抗爭換來的都是更加殘酷的現實。對此，我曾捶胸頓足，卻又無可奈何；我曾仰天長嘆，卻又無計可施。後來我想明白了，我選擇不抗爭，我不再天天為如何脫困而夜不能寐，不再為沒有取得成功而憂慮萬分，也不再因別人異樣的眼光而感到無比自責。」豬博士說道。

「老師您是說，您也有過這樣的經歷嗎？我以為像您這樣成功的人一生都是一帆風順的。」鼴鼠小姐說道。

「傻孩子，世界上哪有一生都一帆風順的人啊。你想成功，就要付出更多的努力，這也算是一種代價吧。在我想明白的那天，我就接受了自己的命運，不再和它抗爭，甚至變得喜歡它了。我開始認真工作，積極為未來做好準備，笑著面對每一個人，對生活又燃起了熱情。我逐漸變得樂觀，思路也慢慢清晰起來。我觀察著社會和身邊的變化，終於發現了讓家族再次崛起的那個契機，當然這已經是多年以後的事了。」豬博士說道，他的思緒彷彿又回到了過去那段崢嶸歲月。

「您接受了當時的現實，是嗎？老師。」鼴鼠小姐問道。

「是的。我們照顧著幾個孩子，過了好幾年平靜而普通的生活。那時雖然生活艱苦，但也有許多快樂，一家人變得更加和睦團結。這反而成了我們人生中最幸福的一段回憶。」豬博士說道。

「我明白了。您的確是藉由不抗爭的方式，反而真正成功的抗爭了命運，因為您沒有讓壞運氣把您壓垮，反而微笑著接受了它，這樣它就不再能傷害到您。既然壞運氣對您無效，那您的人生中就只剩好運氣了。」鼴鼠小姐好像也想明白了，她的心情也變得輕鬆起來。

「對，要相信大自然，一切都是最好的安排。即使有時沒有安排好，那可能也是大自然對我們的考驗。」豬博士說道。

鼴鼠小姐說：「我懂了，謝謝老師！今天，您又給我上了一堂人生中真正的理財課啊！」

豬博士笑著說：「想明白就好！」

時間過得飛快，一眨眼，一年又過去了。

鼴鼠小姐的生活也發生了許多變化，她已經學會了如何烹飪。她製作的小糕點更是鄰居們的最愛，銷量節節攀升。而企鵝先生也經過不懈努力，終於升職加薪了。

眼見收入有了增長，企鵝先生的老毛病卻犯了，他又開始去買一些價低卻無用的東西了。凡是新奇的商品，都是他的最愛。他越買越多，所買的商品也越來越貴。

為此，鼴鼠小姐和他爭論好多次。

鼴鼠小姐說：「說了多少次了，你還是控制不住自己的購買欲望，一直亂花錢，不要忘了，我們的生活只是剛剛好轉。等到孩子出生，現有的這些儲備可是遠遠不夠的啊！你忘了嗎？不能因為現在收入多了就亂花錢。你現在是拿自己孩子的奶粉錢去買你的那些新奇的東西啊！你如果覺得妥當，就去買吧！」

　　企鵝先生看到妻子不高興了，也覺得自己做得不妥，但不知為什麼，買東西的時候就全忘了。最後，他們決定小額支付由企鵝先生負責，而大額支付則必須由鼴鼠小姐親自操作。

　　但鼴鼠小姐很快就發現，企鵝先生在小額開支上也存在著很大的問題。企鵝先生是很節儉的，他平常滴酒不沾，也不會給自己買什麼生活用品，幾乎不怎麼花錢。當需要買菜或買一些小件的生活用品時，鼴鼠小姐總是精挑細選、貨比三家，而缺乏生活經驗的企鵝先生卻不以為然。他覺得東西都長得一樣，所以每次都不問價格，也不挑選，經常買回來後才發現，有的東西早已經壞掉不能用了，他對此常常懊悔不已。因為他從小生活優渥，對生活的細節並不在意，尤其覺得自己將來要做一番大事，便認為這些細節不重要。

　　為此，企鵝先生還跟著鼴鼠小姐學習了很長一段時間的購物技巧，他發現購物看似簡單，其中卻也藏著深奧的道理。

　　鼴鼠小姐還將理財日記本拿給企鵝先生翻閱，日記本裡有自己為家庭製作的帳目，還有 10 個帳戶的計畫安排等。

她告訴企鵝先生：「知道嗎？我們藉由自己做飯，用心購物，已將生活成本壓到最低了，比原來降低近 60%。現在每月扣除房租，總收入也有了一些結餘，我把這些錢分別放在孩子教育帳戶和用以應急的備用金帳戶裡，並統一放在理財帳戶裡進行投資，我已經買了十幾份橡樹國國家財富基金呢。」

企鵝先生聽到後吃了一驚，說道：「生活成本降低了這麼多！真沒想到呀！你還買了國家財富基金，真了不起！家裡有你這個『金算盤』，我就放心啦！哈哈！」他高興地邊說邊豎起了大拇指。

鼴鼠小姐也笑了，說道：「這才剛開始呢！但你都看到我將錢放在哪裡了，你要是再亂花錢，就是花孩子的錢和應急的錢，你可要想好了啊！哈哈！」

企鵝先生忙說：「我可記住了，現在的薪資全部給你，我一分不留！」

鼴鼠小姐說：「親愛的，為什麼不給自己留點錢花呢？你老給我買零食吃，自己卻什麼也不買，漁場的同事們還老說你是『妻管嚴』，我聽了心裡格外難受！」

企鵝先生笑著說：「沒關係，親愛的。你知道嗎？我很高興他們這麼說。」

鼴鼠小姐不解地問：「為什麼？」

企鵝先生說：「其實大家薪資都不高，而我認為每月領的錢並不是我自己真正要賺的錢，只是我們的生活費。我相信，

現在只是過渡期，我們會擁有更富裕的未來。再說了，減少自己的欲望和需求，把僅有的錢用在自己心愛的人身上，怎麼會不高興呢？其實最讓我痛心的是，我現在的能力有限，只能給你買些零食，但我會努力改變，給你更好的生活，因為你快樂我才會快樂啊！」

颶鼠小姐突然覺得企鵝先生變成熟了許多，她眼裡泛著淚光，輕聲說道：「放心吧，我會把我們的家管理好的，家裡的財務問題你永遠也不用擔心，因為我可是會理財的小颶鼠。嘻嘻！」

說完，他們幸福地擁抱在一起。雖然現在依然很艱苦，但他們已經看到了希望。

很快，即將成為母親的颶鼠小姐迎來了人生中的一次重大考驗，她不僅要面對身體上的變化，還要應對心理上的焦慮。對一些年輕人來說，這將是挑戰頗大的人生階段，當初的二人世界就要變成三人世界了。

孩子的出生，為他們帶來了希望。原來他們還擔心養孩子的開銷太大，負擔不起，但就像豬博士當年講的那樣，不必太過焦慮，大自然好像都安排好了一切。企鵝先生在孩子出生的那一年，升上漁場的工頭，收入又漲了一大截。面對勞動多年所獲得的成果，企鵝颶鼠夫婦也準備貸款買下他們人生中的第一間房。

他們將自己的新家安在美麗的橡山灣，因為那裡環境很

好，還有很多老朋友，雖然發展有點緩慢，但房價也相對較低。

企鵝鼯鼠夫婦受到了橡山灣居民的熱烈歡迎。他們自己也非常喜愛這個地方，尤其是夏季每晚的「篝火晚會」活動，讓人感覺生活豐富而精彩。

一次，他們邀請豬博士夫婦前來做客。豬博士也對這裡得天獨厚的環境很感興趣，準備建議國王加強建設。大家聽了豬博士的話後，更是歡天喜地，感謝之餘還邀請他們參加了這裡的特色活動——「篝火旁的華爾滋」。

在美妙的音樂中，豬博士拉著夫人的手，邊跳邊想，今天帶夫人來對了。幾十年了，自己忙於公務，都很少陪夫人跳舞，現在真的得要感謝大家，尤其是鼯鼠小姐和企鵝先生。

他不禁看向他們，發現這對年輕夫婦的舞姿真的很美。

豬博士心想：他們總算走過了風雨，迎來了彩虹，靠著自己一步一步走到了今天，這種精神真是彌足珍貴呀！

## 本章小結論

1. 有些時候，不抗爭就是抗爭。

2. 別讓壞運氣把自己壓垮，微笑接受壞運氣，讓壞運氣對你無效，這樣一來人生中就只剩好運氣了。

Chapter 11

# 省錢小妙招

請你帶著以下問題閱讀：

1. 收入變多了，錢卻還是存不起來，問題會出在哪裡？
2. 富人的消費習慣，與一般人有什麼不同？
3. 欲望和夢想，應該如何與現實取得平衡？

兩年以後，國王聽取了豬博士的建議，將橡山灣規劃為一個集旅遊觀光和漁業、種植業於一體的經濟新區，並新修了一條由市區通向山頂的柏油馬路。交通的便利讓這裡的遊客日益增多。山頂的千年冰洞探險、山間的葡萄採摘、山下的月牙河遊覽和垂釣等，都吸引著眾多的遊客來到這裡。

　　橡山灣居民的生活條件越來越好，大家的收入更是越來越高，但企鵝鼴鼠夫婦家仍然過得很節儉。對於這點，企鵝先生有點想不通，他對鼴鼠小姐說：「咱們的收入已經比過去高很多了，怎麼你還是那麼節儉呢？我多想買把電吉他呀，說了好幾次了，你也不讓我買。唉……」

　　鼴鼠小姐看著企鵝先生一直在嘆氣，覺得很好笑，現在已經是漁場負責人的丈夫，有時候還像個孩子。

　　鼴鼠小姐解釋道：「我理解，現在讓你放棄自己想要的東西，一定很難受。但現在我們的任務是快速累積家庭財富，如果錢都用來買了自己想要的東西，那就沒有用來賺錢的錢啦。當然如果你一定要買，我也會同意的，親愛的！」

　　企鵝先生在經過一番心理掙扎後，決定不再提這件事了，他對鼴鼠小姐說：「其實我知道你是對的。音樂只是我的一個愛好，我並不想成為音樂家，也不可能藉由彈吉他來賺錢養家，以後我不會再說了。」

　　鼴鼠小姐卻說：「電吉他是一定要給你買的，但要等到我們的理財帳戶金額達標後再買。現在你的任務就是多賺錢，我

的任務就是把財理好，但要想理好財，就得控制好消費。」

企鵝先生點點頭，說道：「那我們如何才能控制好消費呢？」

鼯鼠小姐笑著說：「你生活經驗少，自然很難理解生活中的省錢之道。不過，週末兔子小姐和經濟學院的同學要來咱們家聚會，我們正好要研討如何省錢，到時你聽聽不就明白啦！」

企鵝先生說：「是嗎？我每天忙得昏頭昏腦，都不知道你們每次聚會還要學習呢！週末我一定參加。」

這天一大早，兔子小姐和同學們就來敲門了。他們的約定是，每個週末到一個鄰居家裡聚會，這次輪到鼯鼠小姐家。

他們圍坐在後院的一張大桌子旁，猴子大哥先說道：「咱們橡山灣出了兩位節約『明星』，一位是兔子小姐，另一位是鼯鼠小姐。這次，你們兩個可要好好說說，有什麼省錢的小妙招啊？哈哈！」

喜鵲小姐也說道：「是啊！現在的收入是比以前多了很多，但總感覺手裡還是沒錢，記得老師叫我們要控制好支出，但到了月底，錢還是莫名其妙地用完了。」

燕子小姐說道：「就是說啊！真的很氣人啊，我變得比收入少時還要窮，我的旅遊計畫都擱淺了呢！」

松鼠小姐說道：「老師講的東西，我好像也全忘了，不知該怎麼辦才好！」

連不愛說話的刺蝟先生都說：「都說賺錢難，我看最難的是如何留下錢，其中的學問可不淺。」

兔子小姐說道：「省錢其實不難，關鍵是你要節省，儘量少花錢。像你們嘴上說省錢，可是實際的行動是，衣服、鞋子都要買名牌，還一買就買好幾套，在專賣店買完了，還要回家上網買。吃飯又都愛去餐廳，從來也不自己動手做飯。而我不光不喜歡購物，還要自己做飯，甚至菜都是自己種的呢。你們說，怎麼能不省錢呢！」

猴子大哥說道：「兔子小姐你說得沒錯，但我們都不會做飯，更不會種菜，只能去餐廳吃飯呀！」

喜鵲小姐也說：「生活變好了，還不能多買幾件新衣服穿，也太省了吧。我是喜歡買品牌的衣服，但你們知道嗎？品牌的衣服通常相當耐穿，我覺得買它們比買一堆劣質的衣服最後扔掉要省錢吧！」

兔子小姐有點急了，說道：「你們那是愛慕虛榮，我的衣服是很廉價，但也很耐穿。」大家看到兔子小姐的衣服雖然乾淨整潔，但樣式已經明顯落後於這個時代了。

兔子小姐接著說道：「種菜誰不會？說到底，還是懶而已！」猴子大哥的臉都紅了，但他仍耐心地聽著。他們對聚會是有約定的，就是大家可以暢所欲言，但絕不能因此生氣。

兔子小姐還在說：「要是大家都能學會自己做飯，就一定可以節省很多錢。像鼴鼠小姐，不就是因為會做飯而存下錢的

嗎？」

大家把頭都扭向鼴鼠小姐，鼴鼠小姐正要說話，卻聽到刺蝟先生又慢吞吞地說道：「我就是自己做飯，菜也是自己種的，也沒有多買什麼品牌衣服，但我怎麼也省不下錢呢？」

兔子小姐說：「那你一定是有什麼大的消費項目吧？」

刺蝟先生說：「也沒有啊！」

猴子大哥說話了：「你是沒有什麼大的消費項目，但你淨買一些價格低卻沒用的東西，那能省下錢嗎？」

企鵝先生心想：刺蝟先生怎麼老犯和自己同樣的毛病呢？

刺蝟先生也有點生氣了，說道：「我買東西可是經過了精打細算，趁著價格低，多買些留著備用，要不到時就要花高價買了。」刺蝟先生說的時候，心裡還想著去年商場打折時，自己買的 50 個衣架、10 雙皮鞋和 20 件襯衫，雖然一直還沒有用到，但這些都是他儲存的寶貝。

鼴鼠小姐見大家七嘴八舌，越說越混亂了，就清了清嗓子，說道：「大家不要吵了，這樣討論是沒有結果的。」說著，她起身回房拿出了自己的理財日記。

大家不再說話了，都看著鼴鼠小姐。

鼴鼠小姐慢慢地把銅製密碼鎖打開，將日記捧在手裡，翻了一陣，突然大聲說道：「找到了，這是豬博士寫給我的理財金句，你們可要聽好了啊！」

大家都把耳朵豎了起來，因為老師當年講的課，其實他們

早都忘記了。

鼯鼠小姐說：「豬博士認為，很多人無法省下錢的原因是『看得太多』，每天盯著網上的促銷活動和商場的打折資訊，而不是盯著自己的理財計畫，一有閒暇時間，就喜歡逛街或者瀏覽購物網站，所以很容易買到多餘的商品。要知道，『省＝少＋目』，其實就是『少看即省』的意思，只是大家都沒有注意到罷了。」

大家都沉默了，他們都在反思自己以往的行為。

鼯鼠小姐接著說：「豬博士還認為，如何花錢是一門充滿智慧的學問，而養成良好的消費習慣也是成為富人的第一個祕訣。」

兔子小姐沒有上過豬博士的課，她突然覺得豬博士的課遠比自己想像的要有用得多。

鼯鼠小姐繼續說道：「商品可以分為必需品、可選品和奢侈品三類。必需品是我們日常必須購買的商品；可選品是用於提升我們生活品質的商品；而奢侈品是價格較前兩者更高但實用性並不強的商品，只為滿足某種心理需求。」

刺蝟先生接話道：「說得太對了！我就只買必需品，而且儲備了很多呢！」

企鵝先生說道：「你的毛病和我的一樣，其實購買廉價的無用商品，本質上也是一種奢侈的行為啊！」

刺蝟先生說道：「怎麼會呢？我買的明明都是價格很低的

商品嘛！」

鼴鼠小姐忙解釋道：「企鵝先生說得沒錯，他過去老犯這種毛病，被我狠狠批評過。因為現實中，奢侈品其實有兩種，一種是絕對價格高的商品，就像昂貴的寶石；另一種是相對價格高的商品，也叫對人來說多餘的商品，比如很多幾乎用不到的低價商品，因為它們的價格低，人們在購買時往往會忽視這一點，但這樣增加了不必要的花費，所以這些商品的相對價格就會很高。」

刺蝟先生紅著臉說道：「原來是這樣，怪不得我這麼節省，還是省不下錢來，原來這也叫奢侈，受教了！」

鼴鼠小姐說道：「對於大部分人來說，買奢侈品對財務狀況的影響是很大的，花錢的智慧主要體現在購買可選品上。」

接下來，鼴鼠小姐便分享了一些省錢心得。

首先，她買東西一定是按照必需品、可選品和奢侈品的順序來進行的，非常自律。

必需品是日常必備的商品，所以是一定要買的。鼴鼠小姐會先列出家庭日常生活所需的各種食材和物品，然後在它們促銷的時候進行選購。比如，買蔬果最好是買應季的，因為此時產量大，所以價格相對較低，最關鍵的是當季的蔬果營養豐富、口味極佳，像夏季的西瓜、番茄和秋季的葡萄等。

大型超市經常會搞優惠活動，此時打折的蔬果一般都是鼴鼠小姐的購物首選。她說有些食品打折並不是因為品質問題，

而是超市的促銷手段，這也讓她不必為每日去想做什麼飯而苦惱費心了，只要跟著超市活動安排就行了。例如今天番茄特價，那就做番茄蛋花湯；白菜特價，就做炒白菜……超市的「特價菜」越多，鼴鼠小姐家餐桌上的菜肴就越豐富。有時候，鼴鼠小姐和企鵝先生也會一起去附近的大型農貿市場集中採購，那裡的商品自然更便宜。

現在，很多商品也可以在網上購買。網店為了吸引人氣，將一部分商品價格降到極低，但必須搭配別的商品一起購買。鼴鼠小姐早有計畫，她會將家中儲備不足的食材和這些價格極低的商品一併購買。不過她提醒說，不要因為價格極低而隨意搭配購買一些無用的商品，因為此類商品都有保存期限，過期浪費就不好了，一定要對家裡的物資情況有所瞭解，提前做好合理安排。

通常，鼴鼠小姐在購買完這些低價的組合商品後，還會向商家要求免費贈送一些配料或其他小商品。比如在菜市場，鼴鼠小姐常光顧的商家會贈送她一小把香菜、一個胡蘿蔔等，這些食材剛好能豐富菜肴；網購時，鼴鼠小姐在購物達到一定金額後，也會和商家協商能否贈送她店裡其他實用的小物件，雖然常被拒絕，但她說還是要去爭取，而且她通常都會給同意贈送小物件的商家 5 星好評。

鼴鼠小姐這麼做的另一個原因是，這樣一來，她將是這個商家的老客戶，還是會自發向朋友們宣傳的那種老客戶。商家

## 必需品、可選品、奢侈品的定義

必需品是我們日常必須購買的商品；
可選品是用於提升我們生活品質的商品；
而奢侈品是價格較前兩者更高但實用性並不強的商品，
只為滿足某種心理需求。

自然也很喜歡這樣的忠實客戶，所以給她優惠價也是常事。長此以往鼴鼠小姐也會對商家銷售的商品的價格、品質和規格都相當瞭解，也更便於在商品促銷時有計畫地進行購買。

鼴鼠小姐在購買商品時，通常最注重的是性價比。在有同樣的性能時，她會選擇非名牌的商品，當然也不能選擇老鼠兄弟工廠生產的山寨商品，她選擇的通常都是口碑較好的大眾品牌。她收藏的網店都會介紹商品的產地，來自原產地的商品就是一個很好的選擇，因為這意味著這類商品一般有相對較低的價格和較好的品質。鼴鼠小姐會將一類商品在多個店鋪的銷售價格進行對比，並考慮其他客戶的相關評價後，選擇價格適中的那款，這樣自然就會買到最合適的商品了。

其次，鼴鼠小姐對可選品的態度是比較謹慎的。她說，可選品是有錢後為提升生活品質而購買的商品，所以如果相中的可選品能幫你提升的生活品質層次並不高，則失去了購買這類商品的意義；如果它能幫你提升的生活品質層次過高，也要小心過於透支家庭的財富而得不償失。

可選品可分為兩類，一類是為了提升家庭生活品質的普通商品，另一類則是夢想品——當然這也能提升家庭生活品質。如是第一類商品，則應按照「性價比」原則擇機購入。如是第二類商品，鼴鼠小姐一般會仔細鑒別這些夢想品和實際生活的關係，按照關係的緊密程度為夢想品排序，然後將該順序當成自己將來購買它們的順序。而購買的前提就是理財帳戶中的資

金增長，每達到一個級別，就可以用賺來的錢去購買一件夢想品。

最後，鼴鼠小姐一般都會在決定購買某件可選品後，再等一段時間，如果那時還是初心不改，她才會去真正購買。

企鵝先生突然想到了電吉他，他趕忙把腦海裡的這個圖像「擦掉」，若有所思地說：「可選品該如何選擇呢？比如買一台冰箱。」

鼴鼠小姐微笑著說：「可選品又可分為長期使用的物品和短期使用的物品，它們的選購標準的區別就是：前者要考慮長期可能產生的費用，後者則不用考慮。長期使用的商品的購買價格可以稍高一些，而短期使用的商品的購買價格應該稍低一些。大品牌的冰箱雖然貴，但長期來看還是划算的。如果買了老鼠兄弟工廠生產的廉價冰箱，維修和更換的成本可能更高。」她想了想，接著又說，「但剛剛那種情況適用於一次付費，多次使用的情形，接下來我要講的需要多次付費的情況則正好相反，長期的付費一定要選擇費用低的，而短期的甚至一次性的付費，可以選費用高一些的。如要長期支付的房租和要短期支付的學費等。」

喜鵲小姐問道：「那奢侈品應該什麼時候買啊？」

鼴鼠小姐回答：「在你買奢侈品卻不算奢侈時。因為買奢侈品是否算奢侈行為是和資產的多少有關的，如果提前購買，那你的資產就不能妥善的累積，恐怕永遠也沒有能買奢侈品卻

不算『奢侈』的時候了啊！」

　　企鵝先生突然想起了什麼，問道：「記得你說省錢就要學會『拆東牆補西牆』！這是什麼道理啊？」

　　鼯鼠小姐笑著說：「你還記得這個啊！我的意思是，當買一件商品節省了一些錢的時候，就要想到這些錢能用到別的地方，這就叫『拆東牆補西牆』。」

　　企鵝先生也笑著說：「想起來了，上次你買了件打折的大衣，非要店主再優惠你 10 元，臨走時你對我說的就是這句話。我現在才明白，你的意思是在大衣的『東牆』上拆了塊磚，轉身就補到『西牆』──叫車一事上了吧？」

　　鼯鼠小姐說：「是的，多消費 10 元與節省 10 元之間差的可是 20 元，而不是 10 元。」

　　松鼠小姐也問道：「如果商場打折，比如一副眼鏡原價 15 元、現價 10 元，而原價 20 元的一副包含眼鏡盒的眼鏡僅賣 15 元，該怎麼選？」

　　鼯鼠小姐說：「你是要考我嗎？首先它們都是打折的商品，性價比都不錯，但細分析起來，又有區別。不管它們如何打折，實際的情況是眼鏡 10 元、眼鏡盒 5 元，而最節儉的做法是用最少的錢來滿足需求即可。這裡要注意的選擇技巧是『對有價值的，要敢於花；對沒價值的，要敢於省』。就眼鏡盒與眼鏡的價值來說，如果你沒有購買眼鏡盒的實際需求，那麼千萬不要被看起來划算的眼鏡盒『誘惑』，花 10 元買的眼

鏡，要比花 15 元買的包含眼鏡盒的眼鏡性價比更高。」

松鼠小姐說：「原來如此。怪不得我曾聽說有個非常富有的人打算送給愛人一枚價值百萬的鑽戒，但這枚鑽戒卻是用爛報紙包著的。『對有價值的，要敢於花；對沒價值的，要敢於省』，大概說的就是要把錢花在刀口上的道理。」

鼴鼠小姐道：「對的。說實話，消費的學問和技巧非常多，三天三夜都說不完。」

企鵝先生說：「我看你喜歡用信用卡購物，卻不讓我辦理太多的信用卡，這是為什麼呀？我一直想問問你呢。」

鼴鼠小姐說：「這個呀，你怎麼不早說？我以為你都知道呢！我用信用卡並不是因為咱們家的日常消費帳戶缺錢，正好相反，這個帳戶的資金很充裕。我主要是看重信用卡有三十天的免息期，我先用信用卡買單，然後用本來要花的這筆錢去進行短期理財，下個月到期再將錢還上，這樣日積月累，也能賺不少錢。最關鍵的是，信用卡如果是和一些單位聯名的，還有許多優惠活動可以參加，比如購買優惠的機票、飯店和低價的電影票等。另外，到了年底也可以用積分進行商品兌換，咱們家裡的很多廚房小用品都是我用積分兌換的。還有航空公司的積分也可以用於兌換商品，而且他們提供的可兌換的商品一般都有很高的品質。」

企鵝先生說：「原來有這麼多好處，那我是不是也應該辦張大額信用卡，或者多辦幾張。」

鼯鼠小姐說：「通常情況下，信用卡的額度和你一年的消費額度有關，比如我是家庭主婦，那麼我的信用卡的額度就是我一年的消費額度，這和我日常消費帳戶裡的錢是對應的。而如果是你這種經營企業的，那麼你的消費額度要比我的大些，但出於安全考慮，額度並不是越大越好，因為額度越大，產生風險的可能性就越大。另外，辦的卡越多，財務的出路和可能出現的漏洞就越多，從而使風險越不可控。信用卡的逾期利息是很高的。要知道，信用卡是讓你消費透支用的，但不是讓你『透支消費』用的。這兩者的區別在於，前者強調透支，在你可消費的額度內透支；後者強調消費，即為了滿足自己的消費欲望，而不加節制地透支。舉例來說，如果你的月收入為5000 元橡樹幣，你想要購買一個價值 10 萬元橡樹幣的包，這種遠超過你還款能力的消費就是透支消費。」

　　企鵝先生笑著說：「明白了，我還真沒想過這些，好在有你把關，我就不用那麼費心了。怪不得你繳保險費每次都要等到寬限期末才繳，是不是也將錢拿去理財啦？」

　　鼯鼠小姐說道：「是的，沒錯。不過我只做有收益保障的理財，不做風險投資。信用卡的還款紀錄良好，其實有一個好處，那就是方便我們貸款。如果你是信用卡白戶（指沒有銀行信用紀錄的人），銀行裡沒有可以查詢的信用紀錄，那麼相對來講，銀行是不『敢』貸款給你的。雖然如果手續齊全又符合規定，銀行也會貸款給你，很可能未必像其他有還款紀錄的人

去貸款一般流暢。」

企鵝先生聽完，不由得在心裡豎起了大拇指，他發現大家也都聽得入了神。

猴子大哥又問道：「剛才你說到夢想品，我的夢想品有很多，如跑車、別墅、遊艇和飛機，可照你這麼省，什麼時候才能買呢？」

鼴鼠小姐笑著說：「夢想多是好事，代表你還很年輕啊！但夢想和欲望是雙胞胎，我們有時很難區分它們。當夢想淪為滿足欲望的藉口時，那夢想就會變得很可怕，所謂欲壑難填。而只有在擺脫欲望之後，夢想才會變得更有意義。欲望大多是自私的，而夢想則多是無私的。所以，有『節制』的夢想才是真正的夢想。」

猴子大哥的臉此時更紅了，他說道：「今天聊得真有收穫，回去大家都好好想想。怪不得鼴鼠小姐會成為當年的理財冠軍，果然是實至名歸啊！」

鼴鼠小姐忙說：「我的成功主要靠豬博士，還有就是靠大家了。我說的也是肺腑之言，如有得罪之處，還請大家見諒。」說完，她起身抱拳致意。

大家都笑了，因為大家心裡都明白，雖然今天的學習和交流讓他們尷尬，但他們也得到了有用的知識。那些省錢的小妙招，都是人家鼴鼠小姐用心累積的啊！

最後，鼴鼠小姐合上了日記，緩緩說道：「謝謝大家的信

任！其實，生活才是最大的一門學問，只要用心，節儉的方法會有很多。比如，你可以學會做飯，在花園或陽台種菜，將自己不用的東西賣掉，買二手的物品，買盡可能少但夠用的傢俱來節省空間，在非旺季旅遊觀光並自帶水杯等。只要你想，你就可以想出很多節儉的方法。」

## 本章小結論

1. 很多人無法省下錢的原因是「看得太多」，導致容易買到多餘的商品。但事實上，「省＝少＋目」，因此少看一點反而能讓你省得更多。

2. 商品可以分為必需品、可選品和奢侈品三類。必需品是日常必須購買的商品；可選品是用於提升生活品質的商品；而奢侈品是價格較前兩者更高但實用性並不強的商品，只為滿足某種心理需求。

3. 可選品可分為兩類，一類是為了提升家庭生活品質的普通商品，另一類則是夢想品。第一類商品應按照「性價比」原則擇機購入。第二類商品則應仔細鑒別它們與實際生活的關係，按照關係的緊密程度排序，然後將該順序當成將來購買的順序。而購買的前提就是理財帳戶中的資金增長，每達到一個級別，就可以用賺來的錢去購買一件夢想品。

4. 若從使用期間來分可選品，可分成長期使用和短期使用來看

待。選購標準的區別就是：前者要考慮長期可能產生的費用，後者則不用考慮。長期使用的商品的購買價格可以稍高一些，而短期使用的商品的購買價格應該稍低一些。

5. 關於服務的費用，如水電、訂閱平台費、房租和學費等，需考量支付的期間。長期的付費一定要選擇費用低的，而短期的甚至一次性的付費，可以選費用高一些的。

6. 信用卡可以用於消費透支，但千萬不可用於「透支消費」。這兩者的區別在於，前者強調透支，在可消費的額度內透支；後者強調消費，即為了滿足自己的消費欲望，而不加節制地透支。

Chapter 12

# 老師的投保建議

請你帶著以下問題閱讀：

1. 保險應該從小買起嗎？越貴的保險越好嗎？

2. 想給成年人或年長者買保險，該注意哪些事項？

3. 保險名目眾多，還包括可還本或不可還本等各種類別，
   究竟它們的優缺點各在哪裡？

家庭收入的持續增長，讓鼯鼠小姐覺得應該考慮一下家人的保險計畫了，尤其是孩子 Zebra 也慢慢長大了。

　　Zebra 長得和父親一樣有精神，也非常善良和活潑。但孩子老說自己叫小斑馬，這讓企鵝先生很納悶。他問 Zebra：「你為什麼叫自己小斑馬呢？」

　　Zebra 答道：「爸爸，我的名字意思本來就是斑馬呀。嘿嘿！」

　　後來，鼯鼠小姐告訴企鵝先生，因為企鵝先生外出工作時，家裡就剩自己和孩子，自己又忙於家務，所以時常給孩子看動畫片《小斑馬的故事》。孩子不僅看得津津有味，還經常模仿片中那個機智勇敢的小斑馬形象，正好他的名字 Zebra 翻譯過來就是斑馬，於是他喜歡讓別人叫他「小斑馬」。

　　Zebra 在一旁笑著說道：「我覺得世界上最美的顏色其實就是最簡單的黑色和白色，擁有黑色和白色的動物都很聰明和勇敢呢！像爸爸和媽媽、我、山上的熊貓和動畫片裡的小斑馬……」孩子說得沒錯，連他最喜歡的樂器，都是擁有黑白琴鍵的鋼琴。

　　企鵝先生突然覺得自己的孩子長大了，已經不是那個印象中只會哭鬧、玩耍的「頑皮孩子」了。

　　企鵝鼯鼠夫婦決定儘快為 Zebra 買一份保險，但他們不知該買什麼保險及做哪方面的理財規劃，為此鼯鼠小姐專程去請教豬博士。

鼯鼠小姐說：「老師，我們現在的收入比過去多了，孩子也逐漸長大了，現在該做哪方面的理財規劃呢？」

　　豬博士說：「收入多了是好事，但你們未來的收入還沒有保障，建議你們去購買保險。另外趁孩子還小，保費相對較低，給孩子買一份保險，也算送給孩子一個禮物吧。等過些年，孩子再大些，可以給孩子開一個理財帳戶，把你們在我這裡學到的知識『傳授』給他，這樣孩子的未來也有保障了啊！」

　　鼯鼠小姐說：「您說得太對了，這也是我最想問您的，可我還真沒研究過保險呢。不過，我和企鵝先生商量好了，準備給孩子多買些保險，但不知該買哪些保險產品。老師，您有好的建議嗎？還有，保險公司這麼多，該選擇哪一家呢？」

　　豬博士微笑著說：「先別急，保險知識其實很簡單，我在課堂上也是一筆帶過，但保險的內容卻很廣泛，所以很容易給人造成選擇上的困擾。不過你提醒了我，看來我在以後的理財課堂上，也要多講些保險知識了。哈哈！」

　　鼯鼠小姐邊笑邊眨眼睛，說：「那您現在講也不遲啊！嘻嘻！」

　　豬博士想了想，說道：「保險的作用主要是風險保障。所以，你要明白人一生中可能會面臨哪些風險。」

　　鼯鼠小姐說：「我想就是生老病死之類的吧！」

　　豬博士點點頭，繼續說道：「有句古話說得很好，叫『老

有所養，幼有所教，貧有所依，難有所助』，而現代的保險制度就是為了實現這一目的而創造的。」

鼴鼠小姐說：「看來保險應該是多多益善了吧？」豬博士笑著說：「這可不一定！有時正好相反。」

鼴鼠小姐一聽，有點急了，她不解地問：「為什麼？」豬博士說：「保險買得多並不意味著你的保險意識就更強，因為買保險看的是保障，即保額的高低，而不是所繳保費的多少。有些人買了很多的保險，但保額卻很低，也就是說，他們購買了『不划算』的保險產品。」

鼴鼠小姐說：「怎麼會有『不划算』的保險產品呢？」豬博士說：「這很正常，因為保險公司也要發展，需要一定的利潤支援，畢竟不是慈善機構啊。」

鼴鼠小姐好像有些明白了，說道：「老師，我懂了。保險公司的產品非常多，有些是提供基礎保障的，而有些則是兼顧公司利潤的，所以我們要理性選擇才對。」

豬博士說：「是的，保險雖好，但還需理智購買，過度保障或保障不足都是不可取的。」

鼴鼠小姐說：「太好了，我回去就給孩子買保障充足的保險，不能讓孩子輸在起跑線上呀。」

豬博士問道：「那你和企鵝先生都買保險了嗎？」

鼴鼠小姐說：「我們還沒有買保險，想先給孩子買，把最好的都給孩子，這也是我們對孩子的愛。您不也說，孩子年齡

小，保費也相對較低嗎？」

豬博士說：「你們的心情我很理解，但你們想過沒有，如果父母有了風險，那孩子的保費將由誰來支付呢？」

鼴鼠小姐搔搔頭，笑著說：「哦……對呀！我光想著孩子了，我怎麼這麼糊塗呢！」

豬博士也笑著說：「不是你糊塗，只是感情影響了你的理性判斷，你對孩子付出的是真愛。然而，一個家庭的保險規劃重點應該是家庭的經濟支柱，即父母，而不是孩子，因為孩子的『保險』其實就是父母。」

鼴鼠小姐點點頭，說：「哦，我知道了。應該先『保』大人再『保』孩子，對嗎？可針對大人的保險產品更是數不勝數，怎麼才能買到『划算』的保險產品呢？」

豬博士說：「優先購買保障型保險，如果還有相關需求，再考慮購買分紅型保險和還本型保險。保障型保險是指所繳的保費是不返還的，就像給汽車買的車險；分紅型保險一般是『還本』的，還可能發放一定的分紅，但多少不確定；還本型保險，就是有事保障，沒事還本的保險。」

鼴鼠小姐說：「保障型保險就是買保險的資金不予返還的那種吧？怎麼感覺不如返還的好呢，畢竟自己的錢不會損失掉……」她說話的聲音越來越低，因為她覺得老師說的一定是對的，但自己又總感覺有哪點不對。

豬博士看出了鼴鼠小姐的疑惑，就繼續說道：「買保障型

保險看起來會花錢，但它是最『划算』的。你以為買分紅型保險或還本型保險就沒有花錢嗎？」

鼺鼠小姐說：「難道也會嗎？」

豬博士說：「當然了，你買的產品是保障，這也是需要成本的，所謂天下沒有免費的午餐。其中，分紅型保險是將你所繳的保費先用於理財或營運，再扣除各項成本和公司利潤後，才進行利益分紅，前提是要有利潤才行；還本型保險則是指返還你所繳的保費，連投資收益甚至利息也沒有，這些暗中損失的錢，足夠你多買好幾份保障型保險了。況且，保費都是在幾十年以後才返還，如果當年拿去投資，那可是一筆不少的錢啊。」

「原來如此呀！」鼺鼠小姐恍然大悟。

「更關鍵的是通常這些產品的保費雖高，但保額都偏低，真正發生風險的時候，那點保障是完全不夠的。」豬博士緩緩地說道，還下意識看了一眼牆上正在整點報時的鐘，木質的鐘上彈出來了一隻小布穀鳥玩偶，它還發出了「咕咕」的叫聲。

「老師，我知道您很忙，但我還有最後一個問題，想再問問您。買保障型保險我已經知道了，但具體該買什麼樣的種類呢？」鼺鼠小姐問道。

「第一類就是重病醫療險，第二類是意外傷害險，至於教育金、創業金、婚嫁金和養老金等，完全可以用投資基金來替代，而基金在投資方面也更專業。我也向國王建議過很多次，

應該讓保險公司和基金投資公司各司其職、發展專項業務,但鑑於各方的利益和市場需求,這種局面一時還難以改變。」豬博士說道。

「那看來就只能買保障型保險了吧?」鼴鼠小姐說道。

「也不全是,要根據自身條件和需求的不同來定,畢竟最『划算』的保險產品只是基礎,你還可以配置其他類型的保險產品。但要注意,風險的保障是前提。」豬博士說道。

「我明白了,買保險買的是保障,所以保障型保險比較『划算』,可優先配置。分紅型保險和還本型保險則可以後續配置,但要考慮保障的額度是否充足。」鼴鼠小姐說道。

「是的,用國王當時對我說的話講,『任何事物都有其存在的價值,畢竟居民也有這樣的需求,而國家的保險業也需要長遠健康的發展』。」豬博士說道。

「那具體有哪些需求呢?」鼴鼠小姐又問道。

「有最基本的風險保障需求,在此基礎之上的全面風險保障需求,另外還有投資理財的需求,大致就是這三類了。」豬博士答道。

「我想購買保障型保險滿足的就是最基本的風險保障需求吧?要滿足全面風險保障需求,就需要再購買一些其他保險了。其他保險適合資金量較大、對風險保障要求較高的人,但要滿足您說的投資理財的需求,恐怕還是有所不足吧?畢竟術業有專攻,而投資分紅只是保險產品附加的功能。」鼴鼠小姐

發現自己對保險的認識也加深了不少。

「你說得沒錯，這些只適合不願花時間和精力來理財的人。實際上，他們是將理財的事情託付給了保險公司來進行打理，當然也間接接受了理財是附加功能的這一事實。這應該算一種被動的保守型理財方式吧。」豬博士說道。

「明白了，這樣的人的確有很多，怪不得他們都選擇了多種類型的保險產品。而如果從另一種角度來看，買保險也可以成為主動理財的一種方式，所以我們有和他們不一樣的需求。」鼯鼠小姐說道。

「是的。國王還對我講了一句話，他說，『究竟哪種產品更好，就讓市場來選擇吧，當人們對保險產品的需求增加的時候，也是保險公司轉型或創新之際』，我想這也是對的。」豬博士說道。

「嗯！保險、銀行和證券是金融行業的三大支柱，我希望都能發展好，這樣橡樹國的經濟實力才會更強，大家的需求才會被盡可能地滿足，這對國家和個人都是有益的啊！」鼯鼠小姐又悟到很多道理，她不禁脫口而出。

「是的。哈哈！說得很好！至於家庭及個人的具體產品推薦和風險保額計算這方面，梅花鹿教授比我更專業，因為她不光是財務專家，也是經濟學院講授保險課程的老師，你有機會一定要聽她的專業課。」豬博士看到鼯鼠小姐總能心繫大局，便露出了滿意的笑容，只是因為時間關係，他不能再細講了。

鼴鼠小姐本來還有很多問題要問，但聽豬博士這麼一說，也不便再問得更細緻了。她心想：保險的確需要好好學習一下才行，沒想到其中的學問這麼大啊！

　　豬博士見鼴鼠小姐沒有說話，就又說道：「但如果精力有限的話，保險知識不一定要學得很專業，如果你可以找到一兩個好的保險顧問，他們就能提供給你許多資訊。當然，你也不能完全聽信他們的行銷建議，關鍵是我們要清楚，自己需要哪方面及多少額度的保障。」

　　鼴鼠小姐忙點頭，說：「對！經常有很多不同公司的保險業務員來向我推薦各種保險產品，我都感覺頭緒很亂，不知該怎麼選。」

　　豬博士請大黃先生帶鼴鼠小姐去找梅花鹿教授，他感覺還是儘快讓鼴鼠小姐搞弄清楚保險才好。

　　梅花鹿教授是一位很溫柔的女士，戴著一副大大的眼鏡，脖子上還繫著一條粉色的絲巾。她對鼴鼠小姐說：

　　「見到你很高興，有什麼可以幫助你的嗎？」

　　「我想瞭解一些保險知識，剛才豬博士簡單對我說了一些，但我還有些細節沒弄清楚。比如該如何選擇保險公司呢？」鼴鼠小姐答道。

　　「國際上的保險法都有一樣的規則，即保險公司是不能破產的，如果實在經營不善，那它的保險產品必須要由別的保險公司接盤，不會有任何風險。具體到選擇哪家保險公司，就要

看它的服務是不是令你滿意了。從防範風險的角度講，所有的保險公司都是一樣的，都會受到國家的統一監管。不知我這樣講清楚了沒有？」梅花鹿教授講話有條不紊，邏輯也很清晰。

鼯鼠小姐聽明白了，心想既然公司都差不多，那關鍵就是選擇產品了，她說：「您講得非常清楚，我明白了，但我該買些什麼產品呢？豬博士剛才建議我買保障型保險。」

「保障型保險的性價比的確高，買它是沒錯的，當然你也可以根據自己的實際情況綜合考慮。請問你的家庭收入主要是什麼呢？」梅花鹿教授問道。

「我的理財收入和我丈夫的薪資。」鼯鼠小姐答道。「我明白了，這樣的話，你的家庭責任並不重，因為理財是可以自動生錢的，但你丈夫的家庭責任就很重，因為他一旦不能工作，收入就會中斷。那你們家有什麼必須支付的專案或貸款嗎？」梅花鹿教授邊分析邊問道。

「您說得很對，我們現在有一個孩子需要撫養，每月還要給遠方的父母一些扶養費，有一筆房貸需要償還，剩下的就是生活費了。」鼯鼠小姐仔細計算著家庭的各項開支。

「我的建議是，你們夫妻每人都要購買一份重疾險（編按：重疾險在台灣分成重大傷病險及重大疾病險兩種，須注意的是，重大疾病險保障範圍為金管會規範定義的 7 項重大疾病，當保戶罹患其中一項重大疾病時，可獲得一次性的給付；而重大傷病險的範圍則涵蓋健保重大傷病項目共 300 多種疾

病）和一份健康醫療險，這是因為你們一旦生病，就會影響家庭財務，所以你們必須對自己加以保護。」梅花鹿教授說道。

「是的，保險就是家庭資產的保護網，而重大疾病則很可能是我們面臨的最大風險之一。不過，老師，這兩個產品有區別嗎？」鼴鼠小姐是有一定理財觀念的，只是她對保險的細節還不太清楚。

「區別很大的。比如重疾險的保額是 50 萬元橡樹幣，如果你不幸罹患保單約定的重大疾病，這 50 萬元橡樹幣是直接付給你的，沒有其他條件。這筆錢可以做為你不能工作時的生活費，這樣也不會影響到家人的正常生活。」梅花鹿教授看到鼴鼠小姐在不斷點頭，就繼續說，「而健康醫療險是在生病後，需要先付款再報銷的，花多少就報多少，但經濟狀況不好的家庭就會陷入被動，畢竟重大疾病的治療費一般都很高。」

「我清楚了，您剛才說的重疾險的保額是 50 萬元橡樹幣是怎麼定的呢？那我繳的費用高嗎？」鼴鼠小姐對保險的專業術語不是很瞭解。

「哦，不會太高，因為你還年輕，只要沒有得過一些影響你不能投保的疾病，費用並不高。你必須要瞭解的概念是，保費是我們所繳的錢，而保額是保單約定的保障額度，兩者是不同的。比如你每年繳 2000 元橡樹幣，繳十年，保障自己三十年的時間，與保險公司約定，如果你患上了保單合約上列明的疾病，對方要支付給你 50 萬元橡樹幣，這裡的 2000 元橡樹幣

叫保費，而 50 萬元橡樹幣就叫保額，十年就是你的繳費期，三十年是你的保障期。另外，保額和保障期都可以自行選擇，要視醫療收費水準和自己的經濟狀況而定，而保費因每個人具體情況不同，所以各不相同。」梅花鹿教授講得很詳細。

「我看重疾險有一年一保的，也有一下子保二十年、三十年、五十年的，或者直到保到 70 歲，甚至保終身的，到底應該怎麼選擇呢？」鼯鼠小姐又問道。

「首先，一年一保的重疾險適合資金有限的年輕人，但每年的保費會隨著年齡的增長而提高，而且還要求體檢合格，所以不太建議選擇；其次，建議給孩子購買長期的重疾險，這種保險價格較低，而且以後每年繳的保費也是一樣的，可以讓家長的關愛伴隨孩子一生；再次，保險不是一次就購齊的，要看家庭的經濟狀況，比如可在 0 歲、5 歲、10 歲或 20 歲時分批購買，關鍵是要降低人在 30～60 歲這一『經濟支柱時期』的疾病風險；最後，孩子在工作以後，應該再給自己買一份終身的重疾險，至少要保到 70 歲，這樣保障得就較為全面了。」梅花鹿教授講得有點專業，她建議鼯鼠小姐回去仔細研究。至於選擇多高的保額，梅花鹿教授說稍後會給她一份「最簡保險計畫表」，她一看就知道了。

「那這個也分保障型和還本型嗎？還有健康醫療險也是一樣的嗎？」鼯鼠小姐問道。

「是的，你越來越專業了。重疾險也分保障型和還本型，

建議首選保障型，主要考慮所繳保費的時間價值，畢竟拿去理財賺取收益要比多年後只拿回本金強多了。但也有兩種情況可以選擇還本型，一種是給孩子買重疾險，因為整體費用不高所以不必過於糾結；還有一種是家庭資金充足，不在乎理財的收益等。而健康醫療險一般都是短期消費險，需要一年一保，而且保費較為合理，像你這個年齡段的，大概每年花費幾百元橡樹幣，就可以買到保額為幾十萬元的醫療保險。當然還要多看條款，選擇能保證續保的產品為佳，畢竟合約明確只能保一年。」梅花鹿教授解釋道。

「太好了，我全清楚了，回去我就可以買了。幾家保險公司都向我推薦過，但我一直沒敢買。」鼴鼠小姐高興地說道。

「其實，在網路上買保險也很方便，出險（編按：指保戶因保約上所約定的事故發生，而申請保險金）時打保險公司的客服電話就行，服務都是很不錯的。」梅花鹿教授笑著說道。

「那我可以給孩子買嗎？」鼴鼠小姐想到了 Zebra。「必須買，孩子年齡越小，保費越便宜。買保險可以呵護他的一生，這也是愛的傳承。」梅花鹿教授說道。「那我可以給父母買嗎？」鼴鼠小姐又想到了父母。

「如果父母的年齡太大，就不建議購買重疾險了，因為並不划算，所以買保險必須儘早規劃好。當然老年人可以買防癌險，這種保險有保短期一年的，也有保數十年和終身的，主要針對不能購買重疾險的老年人，費用也相對較低，關鍵是承保

條件較為寬鬆，但只保合約約定的疾病。提醒一點，每個人的保費都是不同的，因為年齡和健康情況等導致的風險不同，所以要查詢保險費率表來確定具體保額。」梅花鹿教授說道。

「很多保險業務員對我說，說我需要買一份身價險（編按：為意外險的一種，主要保障被保人因身故或全殘而失去工作能力），他們的理由是汽車都有身價，為什麼我不給自己買一份保障呢？但我也不知道該如何選擇。」鼴鼠小姐又問道。

「身價險就是意外險嘛，道理我想你是明白的，但該不該保，需要看具體情況。其實我們面對的保險主要有兩種，一種是剛才講的疾病類保險，還有一種就是意外險。意外險的保費一般較低，而保額較高。但我們也不需要過度保障，那樣繳保費繳得就不夠經濟，不是我們理財專業人士的最佳選擇。」梅花鹿教授說道。

「是的，我也這麼認為。但就是保額不好定呀。」鼴鼠小姐笑著說道。

「保額就是保障的額度，而這個額度就是你家庭的開支加上貸款的總和。所以，你要算一下日常開支需要多少，孩子撫養費需要多少，還要考慮贍養老人的費用，三者之和再加上房貸，就是你們應該保障的最低額度。具體給誰保，就看夫妻二人的收入占比了。」梅花鹿教授說道。

「那孩子和老人也需要嗎？」鼴鼠小姐又問道。

「需要的，疾病和意外幾乎是伴隨一個人終身的，但孩子

和老人的身價額度就沒必要定那麼高了，因為從理財的角度來看，他們不是家庭的經濟支柱。買意外險時，我一般都建議選擇相應的意外醫療附加險，以報銷因意外而產生的醫療費用，因為它們不在重疾險和健康醫療險的保障範圍內。」梅花鹿教授答道。

「買了這兩種保險，一個家庭的保障應該就夠了吧？我這次終於弄明白了。哈哈！」鼴鼠小姐覺得自己又掌握了一些保險知識，不禁滿心歡喜。

「這是最基本的保障，要想使保障更全面，最好能再購買一些定期壽險或終身壽險。」梅花鹿教授卻說道。

「這又是什麼產品？」鼴鼠小姐覺得保險的知識好多啊，總是層出不窮。

「壽險保的是人的壽命，分定期與終身兩種。定期壽險的保障期限是一個階段，比如十年，就叫定期壽險。也可以將其理解為保身故，如果十年內發生不幸，家人就可以獲得理賠金，人雖已走，但愛留存，理賠金可以做為孩子的教育金、配偶的生活費和老人的贍養費等；如果是不定期的，就叫終身壽險，因為人總有一死，而這份保險可以讓一個人死得『有價值』。當然，如果既保生存，又保死亡，就叫生死合險，就是發生不幸可以得到一筆理賠金，或者沒有發生不幸，到了一定年齡也會領到一筆錢。」梅花鹿教授繼續講道。

「那是不是生死合險好一些呢？」鼴鼠小姐問道。「不是

的。記住，保險公司不是慈善機構，每增加一項保障都需要付出相應的成本，要想買到最划算的保險，就要知道我們為什麼買它們才行。」梅花鹿教授搖著頭說道。

「我還是不太明白呀！」鼴鼠小姐不好意思地說道。梅花鹿教授非常耐心，在紙上畫了一幅圖給鼴鼠小姐看：

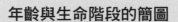

### 年齡與生命階段的簡圖

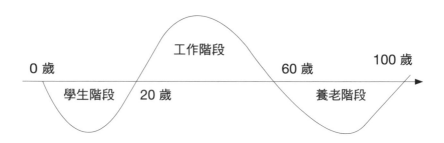

梅花鹿教授指出：一個人在 0～20 歲時，通常是沒有收入的，主要依靠父母，所以在此階段，父母就是孩子的「保險」；20～60 歲時，步入工作階段，即經濟支柱時期，所以需要被重點保護，同時要積極理財；60 歲以後，大概已經退休，收入減少，但消費並未減少——主要是醫療費用和營養品方面的費用，所以需要在年輕時就進行理財及保險規劃（20歲與 60 歲為參考時間節點）。

梅花鹿教授還講道：「人一生中有兩大風險是始終存在

## 保險與年齡的關係示意圖

家庭的主要經濟支柱是最需要保險和理財的成員；

孩子年紀小沒有收入，主要依靠父母；

退休後的家庭成員收入減少，但消費並未減少，

需要依靠年輕時的理財保險規劃。

的，一個是意外風險，另一個就是重大疾病風險了。首先說意外風險，從理財角度來說，對於孩子和老人，其實保障因意外引發的身故賠償意義並不大，因為他們一般不需要承擔家庭的經濟責任，主要考慮因意外引起的醫療費用，因為這會讓家庭經濟受到影響，所以需要增加保障；其次說重大疾病風險，它會伴隨我們終身，而且一旦發生就會影響家庭的經濟狀況，所以必須盡可能全程保障，尤其當我們處於工作階段時，身為家庭的主要經濟來源，最好既要有醫療方面的保障，也要有意外身價方面的保障。另外，在工作階段，無論是重疾險還是健康醫療險，對因病身故都是沒有保障的，所以還可以買一份針對此階段的定期壽險。」

梅花鹿教授還在紙上寫了一個簡單的保險計畫。假設，一個人購買的定期壽險保額是 300 萬元橡樹幣，而購買的意外險身故保額是 200 萬元橡樹幣，那如果這個人不幸因病身故，他的家人會獲得 300 萬元橡樹幣。這是因為，意外險是不保因病身故的，而壽險保障是不分意外與疾病的，即兩者均保。所以假設這個人因意外不幸身故，他的家人則會獲得 500 萬元橡樹幣，即壽險保額 300 萬元橡樹幣加上意外險身故保額 200 萬元橡樹幣。這樣，即使他離開了，他的愛與責任也能保證家人不受二次傷害，即經濟上的傷害。

「我想之所以選擇保額為 300 萬元橡樹幣的壽險保單，也是因為 300 萬元橡樹幣能夠覆蓋個人收入與貸款總額吧？」鼴

鼠小姐問道。

　　「是的，這是最基本的，最好還要包括孩子的教育費用和父母的贍養費等。總之要綜合考慮，然後看保費水準自己能否承受。當然，對於那些還可以保障生存的生死合險來說，我就不建議選擇了，一是保費可能增加，二是在如果你平安地在保險期滿仍生存，它雖然也會返還你一筆合同約定的資金，俗稱『祝壽金』。不過相比同期的其他理財，它的收益性並不高，你完全可以用投資基金的方式來計算。」梅花鹿教授答道。

　　「對，投資基金是可以做到的，而且效果更好。」鼯鼠小姐點點頭，說道。

　　「其實，像投資類的分紅保單、萬能壽險、投資鏈結險及年金險等，都可以用相應的基金替代。」梅花鹿教授又說道。

　　「好像很多人都在買年金險，還是在銀行買的呢。」鼯鼠小姐說道。

　　「是的，基金投資畢竟需要一些投資技術，還得主動管理，所以有人就把錢繳給保險公司來投資，收益雖然不比好的基金投資項目多，但總比銀行的同期利息要高。還有一些像保額遞增型的終身壽險和具有一定信託功能的保險金信託保險，也是熱門的保險產品，將來還會有更多的保險產品，因為保險公司也要藉由不斷創新，來滿足客戶日益增長的各類需求啊。」梅花鹿教授解釋道。

　　「看來是各有所需呀！哈哈！」鼯鼠小姐笑著說道。「是

呀！其實保險的用處還有很多，透過保險，每一代都能盡可能地為下一代打好經濟基礎。這也是我個人的建議。」梅花鹿教授語重心長地說道。

「我完全認同！太感謝您了。」鼯鼠小姐說道。

## 梅花鹿教授的最簡保險計畫表

| 年齡 | 0-20 歲 | 21-30 歲 | 31-60 歲（重點保障期） | 61-80 歲 | 混合基金 |
|---|---|---|---|---|---|
| 重大疾病保障 | 0 歲保到 60 歲，保額 50 萬元 | | | | |
| | 30 歲保終身，保額 50 萬元 | | | | |
| 健康醫療 | | 大額醫療 200 萬元起 | | | |
| | | | | 防癌醫療 200 萬元 | |
| 意外保障 | | | 保額 100 萬元起 | 保額 50 萬元 | |
| 身故保障 | | | 定期壽險保額 300 萬元起 | | |
| 社會保險 | 根據實際情況關注少兒醫保 | 橡樹國職工醫保／居民醫保 | | | |
| | | 根據實際情況關注生育保險 | | 根據實際情況關注社保養老金領取 | |
| 備註 | 以上是按工薪階層設計的標配保險計畫，僅供參考，具體應以本國的保險法和投保保單規定為准，注意口頭承諾一律無效！<br>您的保險設計師：橡樹國經濟學院 梅花鹿教授 | | | | |

鼯鼠小姐感覺收穫滿滿，雖然還有些細節的知識需要學習，但大的方向她已明白了，她要為自己的家庭做一份保險規劃。

　　最後，梅花鹿教授還提醒鼯鼠小姐要注意保單上的一些時間，分別是：七天猶豫期，可以無條件全額退保；繳費期，每年對應的繳費時間，也有躉繳的；保障期，保單約定的保險期限；六十天寬限期，即在繳費日後六十天內繳費，保單均有效；兩年中止期，即過了六十天後仍未繳費，保障暫時中止，但兩年內可以申請復效，即恢復保障，否則過期後，保障會終止。

　　鼯鼠小姐具備理財的各種思維，所以她很快就學會了保險的相關知識。她給全家都購買了重疾險和意外險，還給自己和企鵝先生購買了三十年的定期壽險等，保障既充分，又沒有過度。

　　鼯鼠小姐一直都保存著那天梅花鹿教授送給她的一張「最簡保險計畫表」。有了這張表，她對保險規劃就心中有數了。

　　梅花鹿教授說：「保險也有標配、中配和高配之分，普通人至少也該購買標配的保險。而且保險也不用一口氣買全，是可以隨著收入和家庭狀況的變化來逐步配置的。保費高也不代表你的保險意識就強，關鍵是保障要足夠，這樣的保險計劃性價比才高。另外，買保險也要建立『全險』的概念，即『社會保險＋商業人身保險＋商業財產保險』。其中，社會保險也叫

社保，商業人身保險主要包括重疾險、健康醫療險和定期壽險等，商業財產保險則有車險、房屋財產險和責任險等。最後，買保險一定要讓家人都知曉，保單要保管好，保險公司的客服電話也要記好，因為一旦出險，是需要及時報案的，否則，保險公司是不會主動聯繫你的。」對此，鼴鼠小姐還總結了幾句話：風險無處不在，保險提供關愛，健康醫療意外，壽險愛心傳代。

## 本章小結論

1. 一個家庭的保險規劃重點應該是家庭的經濟支柱，即父母，而不是孩子，因為孩子的「保險」其實就是父母。
2. 買保險買的是保障，所以可優先配置保障型保險。分紅型保險和還本型保險則可以後續配置，但要考慮保障的額度是否充足。
3. 人一生中有兩大風險是始終存在的，一個是意外風險，另一個是重大疾病風險。
4. 保險有標配、中配和高配之分，普通人至少也該購買標配的保險。另外，保險不用一口氣買全，可以隨著收入和家庭狀況的變化來逐步配置。

Chapter 13

# 偶遇信天翁

請你帶著以下問題閱讀：

1. 想靠投資股市讓資金成長，但卻老是買高賣低，為什麼？
2. 股市中有正和遊戲、零和遊戲和負和遊戲，差別是什麼？
3. 投資就是想要賺錢，有沒有能降低風險又能提高成功率的方法呢？

一年後的一天，鼴鼠小姐接到了一封來自海麗國兔子大姐的信，兔子大姐在信中邀請他們一家到海麗國旅遊。

海麗國其實是一個很大的島國，由三大群島和七十二座島嶼組成，和橡樹國隔海相望。那裡的氣候屬於明顯的熱帶海洋性氣候，植被多為棕櫚樹和椰子樹等熱帶林木，並盛產芒果、木瓜和波羅蜜等熱帶水果。

兔子大姐的家在海麗國最大的群島「天堂群島」的中心島，這裡也是海麗國最大的城市。

在經過了好幾個小時的飛行後，他們乘坐的飛機平穩地降落在了海麗國中心國際機場的停機坪上。

鼴鼠小姐一走出機艙，就感覺一股夾雜著海洋氣息的微風拂過臉頰，這裡的天空特別藍，陽光明媚卻不刺眼，所有的植物都綠油油的，就像剛被清水洗過一樣，和橡樹國的景色完全不同。

「你們好！歡迎來到海麗國！」說話的正是兔子大姐，只見她滿面春風，穿著一條嫩綠色的裙子，荷葉般的裙襬在微風中不停地飄動。

「兔子大姐，見到你太高興了！」鼴鼠小姐跑過去和兔子大姐擁抱在一起。

一連幾天，兔子大姐帶著企鵝鼴鼠夫婦遊覽了這裡的許多景點，有奇妙的火山公園、海底世界和螢火蟲洞等，並在全市最高的旋轉餐廳用餐。

在就餐時，鼯鼠小姐表達了謝意，而兔子大姐卻說她應該感謝鼯鼠小姐。因為自從鼯鼠小姐將那顆橡果送給自己後，自己的生活就越來越好。但她還說自己明天有事不能陪他們遊覽旗艦島，請了導遊穿山甲先生來負責安排他們的行程，而在金融學院講課的丈夫灰兔先生會請他們共進午餐。

次日一早，穿山甲先生就來接企鵝鼯鼠夫婦了。穿山甲先生工作很負責，他向鼯鼠小姐和企鵝先生介紹道：「旗艦島是天堂群島的第一大島，也是海麗國首都所在地。這裡的著名景點有國王山雕像和水下城市，水下城市裡有水下餐廳、水下旅館和水下圖書館等。」

企鵝先生突然說道：「水下圖書館，是怕發生火災嗎？哈哈！」大家都被逗樂了。

在坐了兩個小時的輪船後，他們登上了旗艦島。穿山甲先生很快就找到了去國王山的旅遊巴士，又過了一個小時，他們終於到了國王山下。

鼯鼠小姐發現這裡的環境和氣候，好像又和中心島不一樣，有點像橡樹國。企鵝先生也有似曾熟悉的感覺，這裡不像中心島多雨，到處都是燦爛的陽光。

國王山的樹木也被修剪得很整齊，顯得莊嚴而肅穆，白色的大理石石階一直通到山頂，不願走路的遊客也可以乘坐纜車登頂。鼯鼠小姐這幾天體力消耗有點大，所以他們選擇乘坐纜車。在到達山頂後，鼯鼠小姐發現巨大的白色大理石雕像幾乎

覆蓋了整個山頂。

　　穿山甲先生說道：「這就是國王山的雕像了，這也是我們海麗國國王的雕像。」

　　鼯鼠小姐驚訝地張大了嘴巴，企鵝先生也驚呼道：「啊！章魚國王，海麗國的國王是大章魚先生啊！」

　　穿山甲先生笑著說道：「大章魚的確是我們海麗國的國王，不過她是位章魚女皇，她很有智慧，也很善良，是她讓海麗國壯大起來並走向輝煌的。」

　　鼯鼠小姐和企鵝先生都點點頭，他們心想：怪不得有水下城市，章魚女皇肯定就在那裡辦公呢。

　　穿山甲先生繼續說道：「待會兒我們要到雕像的頂部照相，你們可以留下美好的記憶。」

　　雕像的頂部有一個觀景台，它位於女皇的皇冠所在的位置。在拍了幾張照片之後，鼯鼠小姐想到皇冠的邊上再照一張。就在穿山甲先生剛舉起相機的時候，鼯鼠小姐卻一個踉蹌，掉到了皇冠的外面，順著章魚女皇長長的腕足，滑到了腕足的底端，鼯鼠小姐嚇得大叫了起來。企鵝先生也愣住了，他奮不顧身地向腕足底端爬去，但他太胖了，好幾次都差點掉下山去，山下可是大海。終於，企鵝先生爬到了鼯鼠小姐的身邊，他拉住了鼯鼠小姐的手，奮力向上爬。但海上的濕氣實在太重了，他們爬上去，就又滑了下來。在試了幾次無果後，企鵝先生心想：不行的話，就抱著鼯鼠小姐跳海吧，自己保持姿

勢先入水，這樣就可以保護好鼯鼠小姐了。

　　他示意鼯鼠小姐要跳海，可鼯鼠小姐懼高，她害怕得都哭了，不停地搖頭，而企鵝先生也快支撐不住了。就在進退兩難之際，他們突然聽到一個高亢的男高音：「千萬不要亂動，我來幫你們！」

　　鼯鼠小姐一看，是一隻超大的海鳥。鼯鼠小姐順著海鳥的翅膀爬到了他的背上，海鳥帶她重新回到了觀景臺上。

　　企鵝先生也準備順著原路返回，他抓住了穿山甲先生扔下來的一條繩索，這是從後面趕來的地面救援隊那裡拿到的。大家費了很大的勁，才把企鵝先生拉了上來。

　　企鵝先生也被嚇到了，不過他還打趣道：「看來我的確需要減肥了啊！」眾人都被他給逗笑了。

　　鼯鼠小姐也抱著企鵝先生說道：「太危險了，幸虧有驚無險！多謝大家了！尤其是剛才救我們的那位大哥，不知您怎麼稱呼？」

　　穿山甲先生忙插話道：「這位就是國王山空中救援隊的隊長信天翁先生，他還是位投資高手呢！」

　　此時，信天翁先生也很有禮貌地說道：「下次一定要注意安全，幸好我巡查經過，否則就危險了。」

　　鼯鼠小姐和企鵝先生都對信天翁先生表達了謝意，還說要請他吃飯。信天翁先生謝絕了好幾次，但耐不住他們的熱情邀請，再加上穿山甲先生的極力幫腔，就答應了。

信天翁先生向他們介紹道：「旗艦島不光有美麗的風景，還是海麗國國王辦公的地方，當然那裡是不允許參觀的，除非獲得特別的許可。」

　　企鵝先生說道：「聽說這裡的水下城市很有特色！」信天翁先生說道：「沒錯。其實這裡不光有水下餐廳和水下圖書館，還有水下辦公場所和水下的大型伺服器。」企鵝先生說道：「這裡也有？我的家鄉南極國的深海裡也有的，都是為了利用天然的散熱系統。」

　　信天翁先生說道：「是的。這裡的伺服器主要是為上面的金融交易服務的，海麗國的金融業可是世界上首屈一指的啊！」

　　穿山甲先生說道：「早聽說您也是位投資高手了，一直無緣相見，沒想到今天還能有機會共進午餐，真是三生有幸啊！」信天翁先生是海麗國有名的投資高手，他的傳奇事蹟被這裡的居民傳得神乎其神。

　　信天翁先生說道：「我可不是什麼投資高手，我就只是喜歡研究投資，其實投資也很簡單，但做起來卻不容易。」

　　鼴鼠小姐不解地問道：「為什麼會這樣呢？」

　　信天翁先生答道：「因為成功的投資往往是『反人性』的啊。」

　　鼴鼠小姐點點頭，本想再問下去，見信天翁先生已閉口不談，就沒好意思再問。

由於上午的突發事件，他們便沒有再到其他地方遊玩。休息了一段時間後，他們就向水下餐廳走去。

　　穿山甲先生對這裡的路相當熟悉，很快就帶著他們來到了餐廳。這個餐廳建在靠近海邊的水裡，從岸邊向下的電梯和走廊，及整個餐廳，幾乎都是透明的，有兩層高強度鋼化玻璃保護著。

　　鼯鼠小姐一邊走一邊觀看這裡的景色，各種魚類就在他們的四周游動，魚群有時也會突然游向他們，看著這些陌生的「海底來客」，但一閃就不見了。一隻巨大的海龜在餐廳的上方游動著，鼯鼠小姐看到牠好像在對自己微笑，就高興地向牠揮了揮手。

　　當他們正準備點餐的時候，兔子大姐的丈夫灰兔先生也從金融學院趕來了。穿山甲先生一眼就認出了他，便馬上起身向灰兔先生揮手示意，待灰兔先生落座後，才接著向灰兔先生講了他們上午的遭遇，並介紹了信天翁先生。

　　灰兔先生說道：「信天翁先生就是那位傳說中的投資高手吧！想不到你原來是救援隊的教授人員啊！還有你們出來旅遊也太不小心了，以後可要注意啊！」

　　鼯鼠小姐忙說道：「都是我不好！我當時沒注意到那裡很滑，幸虧信天翁先生救了我，才化險為夷、有驚無險，還得多謝信天翁先生呢！」

　　信天翁先生忙說道：「這本來就是我的工作，是我應該做

的啊！」

灰兔先生也沒搭話，直接拿起菜單點起菜來。

吃飯期間的幾句對話，讓企鵝先生覺得很不愉快。企鵝先生心想：「這灰兔先生也太傲慢了，好像把我們當成『鄉巴佬』了，對所有的人都滿不在乎，和兔子大姐真不一樣。」

鼴鼠小姐也看出了企鵝先生的心思，她督促企鵝先生快點吃飯，心想：「畢竟他是兔子大姐的丈夫，多少得給人家一些面子的。」

午餐很快就結束了，其間大家的話都很少。

鼴鼠小姐督促企鵝先生去結帳，她想請客以感謝信天翁先生的救命之恩，但被灰兔先生給攔下了，他是這裡的 VIP，而且服務人員好像也很聽他的話。

在和灰兔先生簡單道別後，信天翁先生建議他們可以到隔壁的水下圖書館去休息一會，那裡不光可以看書，還有免費的咖啡供應。

他們一行人來到了水下圖書館，這裡人很多，他們找了一個角落坐下休息，穿山甲先生還為大家端來了幾杯咖啡。

信天翁先生說道：「那位灰兔先生是你們的朋友嗎？他好像不太友善啊！」

鼴鼠小姐說道：「準確地說，他是我們朋友的丈夫，他經營著很大的投資公司，在金融學院授課，據說他的老師是你們這裡很有名的鷹先生。」

「哦……這就難怪了！鷹先生的學生都一個樣，厲害得很！」信天翁先生若有所思地說道。

「鷹先生有這麼厲害嗎？」企鵝先生問道。

「鷹先生的確很厲害，他組建了世界上最大的私募對沖基金，狙擊各國的金融市場，手段非常高明，也很有效，這幾年把海麗國的金融業發展得很好。」信天翁先生說道。

「那很像我們橡樹國的豬博士，豬博士也很厲害的！」企鵝先生說道。

「是的，豬博士也很了不起！但他們可是完全不同的兩類人啊！」信天翁先生說道。

「有什麼不同呢？」鼴鼠小姐也問道。

「豬博士玩的是正和遊戲，而鷹先生玩的是零和遊戲，有時甚至是負和遊戲。」信天翁先生說道。

「您快給我們講講，什麼是正和、零和及負和遊戲吧！」穿山甲先生說道。

「好吧，先說零和遊戲。」信天翁先生說著，讓大家把手中的咖啡杯都放在桌子上，然後繼續說道，「假設這咖啡就是錢，如果我喝的咖啡是你們大家的，就是說我賺的錢是你們大家的，而咖啡即錢的總量固定的話，那這種遊戲就叫零和遊戲，這種投資也叫零和投資。明白了嗎？」

穿山甲先生和企鵝先生都在撓頭，還沒有弄明白喝咖啡怎麼成零和遊戲了。

鼴鼠小姐說道：「我好像明白了，就是說總量固定，賺錢的人所賺的錢就是其他人虧的錢。」

信天翁先生笑著說：「很對！豬博士是用共贏的方式賺錢，而鷹先生是用競爭的方式賺錢，所以我說他們是完全不同的兩類人。」

大家好像也明白一些了。但穿山甲先生仍問道：「那什麼是正和遊戲和負和遊戲呢？」

企鵝先生對他說：「我剛想明白了，圖書館給我們供應了很多咖啡，有人喝了，就會去那邊再續，而不會喝別人的咖啡，這應該就是正和遊戲了吧！」

信天翁先生說道：「完全正確，如果每次大家倒好咖啡後，我都要喝你們一杯的，那我玩的就是負和遊戲了。」

企鵝先生不解地說道：「這有什麼區別嗎？不就是一杯咖啡嗎？」

信天翁先生笑著說：「可沒那麼簡單，思維決定行動。要知道，在金融領域裡碰到鷹先生的話，他的玩法會讓你傾家蕩產的！」

企鵝先生嚇了一跳，說道：「這麼厲害嗎？」

穿山甲先生說道：「的確如此，我的很多親人和朋友都輸得很慘，所以我才想向信天翁先生您學習呢！必須打敗他才行！」他說話的時候，還握緊了拳頭。

「你打不敗他的！」信天翁淡淡地說道。「為什麼？」穿

山甲先生不解地問道。

「你知道鷹先生的身分嗎？他不光是金融學院的院長，也是海麗國國家首席財政顧問，他手中掌握著眾多金融機構和媒體，還有很多小的投資公司，就像灰兔先生開的那種公司，你自己怎麼能打敗他呢？」信天翁先生無奈地說道。

「那我該怎麼辦呢？」穿山甲先生忙問道。

「打敗是不可能的，因為他掌握著遊戲的規則，唯一的方法其實是『加入』他。」信天翁先生說道。

「他讓我們輸得那麼慘，怎麼能去加入他呢？不可能的！」穿山甲先生的眼中充滿了壓抑許久的怒火。鼴鼠小姐看著他，突然想起了公園裡的火山，好像隨時都準備著噴發，以展示它的力量。

「不要著急嘛！哈哈！投資需要的是平和的心態，這樣可是不行的。」信天翁耐心地說道。

「那還是不要投資了，反正我也不想與他同流合汙。」穿山甲先生沮喪地說道。

「所以說你贏不了！還沒打仗就認輸了。」信天翁先生說道。

「那您說怎麼辦？！」穿山甲先生無奈地說道。

「我說的『加入他』，其實是要利用他的這種思維來賺錢。要知道，我們的國家和橡樹國不同，橡樹國的豬博士推崇投資的理念，目的是讓大家實現共贏，只要有足夠長的時間，

財富就能累積。而我們海麗國的鷹先生推崇投機的理念，雖然他對你說你是在投資，但其目的是使自己獲利，所以時間太長反而會讓你無利可圖，甚至被掠走財富。」信天翁先生果然是高手，他一針見血地指出了海麗國投資市場的根本問題。

「您的意思是讓我們快進快出，但豬博士說時間才是財富，這是怎麼一回事啊？」鼴鼠小姐也有點疑惑了。

「豬博士的話是沒錯，但要看你進入的市場是哪種市場。如果在海麗國，那樣做其實賺不了錢，還可能會虧錢，除非你買入海麗國的基金。」信天翁說道。

「哦，我明白了！投資要根據市場而變，也就是說要靈活是吧？不能生搬硬套，那樣就太刻板了！」鼴鼠小姐說道。

「你說得很對。就像飛行，我可以在空中毫不費力地飛行許久而不用動一下翅膀，那是因為我掌握了氣流的方向和特點。無論是自然風，還是那些遊輪快速前進後產生的氣流，我都可以靈活把握。」信天翁先生說得沒錯，看起來低調的信天翁，可是世界上最大和壽命最長的海鳥。

企鵝先生說道：「我不會飛，不能理解飛行的原理，但總感覺飛行也是有風險的，如風太大就不利於飛行，而游泳不同，我可以潛入海裡，免受風浪的干擾。」

信天翁先生笑著說：「游泳我是外行，更不敢去潛水，但我喜歡風浪，尤其是狂風巨浪，那真是『好風憑藉力，送我上青雲』啊！哈哈！」

穿山甲先生低聲說道：「怪不得人們都說，哪裡出現信天翁，哪裡就要變天呢！」

信天翁先生說道：「是的，但不是每個人都能駕馭這種情況的，所以我讓你們買入基金。要知道在投資上，買入基金就是我剛才說的『加入他』啊！」

鼯鼠小姐說道：「豬博士也建議我們買入基金，和您講得一樣。」

信天翁先生說道：「其實也不一樣。豬博士是國家財富基金的掌舵人，手中掌握的是巨額的資金，而巨額資金的使用要以安全為主。」他喝了口咖啡，繼續說道，「而且巨額資金的進出會對市場產生影響，所以它們不能很隨意地進行交易，要靠時間來換空間，就是價格上漲的空間。」

鼯鼠小姐說道：「所以，豬博士老講要長期持有，原來是這個原因。」

信天翁先生說道：「沒錯。但我們個人投資者由於資金有限，一般都是小額資金投資者，而小額資金就是要快進快出、靈活把握。」

穿山甲先生說道：「我就是這麼做的，只是每次都贏不了！唉……」

信天翁先生對鼯鼠小姐說道：「你剛才在我背上的時候有什麼感覺？」

鼯鼠小姐說道：「感覺非常害怕，我都是閉著眼睛的，根

本就不敢睜眼呢！」

信天翁先生笑著說：「如果讓你獨自飛行呢？你敢嗎？」

鼯鼠小姐也笑著說道：「我猜我會昏過去的，真的！我根本就受不了那種刺激！」

信天翁先生說：「這就是個人投資，投資本領不夠高強的人都不敢睜眼看市場，看見就會被嚇到，然後就很可能會虧錢。你說對嗎？穿山甲先生！」

穿山甲先生忙說：「對啊！每次下跌都好像沒有底，好像天都要塌下來了。但你一賣出，它又總能漲起來，好像一切都沒發生過一樣。」

信天翁先生說道：「本來就沒有發生什麼，都是鷹先生利用市場搞的鬼。他利用市場的短期下跌讓你恐慌，買走你低價拋售的籌碼。等買夠了，他又會利用手中資金的優勢拉升股價，引誘你買入，一旦你高價買入，他就會把當時從你手中低價買來的籌碼再高價賣給你，這樣他就把你的錢全賺走了。你拿到籌碼後，鷹先生還會用各種手段讓你的籌碼貶值，然後再把剛才的流程重複一次。」

穿山甲先生說道：「怪不得我每次都贏不了，難道其他投資者也看不懂嗎？」

信天翁先生說道：「不是看不懂，而是經受不住誘惑。從某種意義上講，鷹先生做得也沒錯，他只是利用了人們的心理弱點罷了。」

鼴鼠小姐說道：「不過，鷹先生的手法也太惡劣了，難道你們的國王就不管嗎？」

信天翁先生說道：「海麗國只是一個島國，除了漁業和旅遊業，也沒有其他資源。現階段來看，鷹先生的金融戰略是和海麗國的國家戰略相一致的，但將來就不好說了，聰明的章魚女皇可不是一般人能比的啊！」

穿山甲先生說道：「是的，我很佩服女皇的智慧，她使一個不被世人關注的小國家，發展成了和橡樹國同樣強大的國家，真的是不可思議呢！」

大家心裡都知道，以往，在周邊的幾個國家裡，就屬橡樹國經濟發展得最好，而且從面積和人口來看，橡樹國也是遠遠超過海麗國的。而目前，這裡形成了橡樹國、海麗國和星羅國三足鼎立的局面，其他小國家還不成氣候。

信天翁先生說道：「鼴鼠小姐，雖然你不敢飛行，但你剛才還是成功地飛回了山頂，你想過其中的道理嗎？」

鼴鼠小姐想了想，說道：「我雖然不會飛，但我借助了您的力量，所以才能『飛回』山頂。也就是說，我們這些個人投資者可以藉由購買基金，讓像您這樣的專家來代我們投資。即使遇到大的風浪，您也比我們更有經驗和能力，更能將風險或損失降到最小。」

信天翁先生說道：「你真的很聰明，怪不得企鵝先生說你是橡樹國的理財冠軍、豬博士的得意門生啊！哈哈！」

鼴鼠小姐也笑了，說道：「那些都是過去的事情了，我也只是個很普通的人。但我還想知道，您說的豬博士和鷹先生讓我們買基金的不同之處呢。」

　　企鵝先生也說道：「對啊！說了半天，我都不明白究竟有什麼不同，你快說說吧！」

　　信天翁先生笑著說：「看來你們是想打破砂鍋問到底了！」

　　穿山甲先生說道：「您就快說吧！也讓您的投資思維漂洋過海傳到橡樹國，說不定豬博士聽了，都得誇您呢！」

　　信天翁先生本想婉拒，但看到大家都這麼誠懇地請教他，也感覺有點盛情難卻了。

　　信天翁先生喝了口咖啡，說道：「好吧，只要你們不嫌我囉唆！」

　　大家都表示想繼續聽下去，還小聲地給信天翁先生鼓起掌來。

　　信天翁先生說道：「其實，就投資基金來說，不管是長期投資還是短期投資，都是相對的，都應該按照所投項目的特點來劃分基金。」

　　接下來，信天翁先生就把各類基金的投資要點向大家詳細介紹了一遍。

　　他指出，長期投資的基金有債券基金和指數基金，因為債券，尤其是國家債券和國有企業的債券的信用度是非常高的，

而指數基金從長期來看最終也是上漲的。

穿山甲先生問道：「那究竟該買哪一種呢？」

信天翁先生答道：「債券基金可以長期持有，在股市行情好的時候也可以部分賣出債券基金，逐步增加持有指數基金以獲取更高利潤，股市行情不好時再買回債券基金即可。」

穿山甲先生又說道：「追買不怕追高嗎？我被套了好幾次，都是因為看見股票漲就買，然後就被套了。」

信天翁先生說道：「你那是買股票，買基金不怕追高，何況這是買指數基金，被套也是暫時的，長期來看還是會上漲。」

穿山甲先生說道：「明白了，以後想買股票，就去買持有該股票的基金，對吧？」

信天翁先生說道：「完全正確，這樣你虧損的機率就會大幅度降低。」

鼯鼠小姐說道：「您說了，債券基金和指數基金可以長期持有，那短期持有的基金就剩股票基金了吧？」

信天翁先生說道：「的確如此。」

鼯鼠小姐問道：「那持有期應該多短呢？」

信天翁先生說道：「長短其實不是我們能決定的，要看國家和市場。」

信天翁先生指出，股票的背後其實是公司，公司的存在就是為了滿足需求，而有的需求來自國家意願，也有的需求來自

市場需要。國家意願就是國家想發展某些行業和領域的意願，市場需要則是人們為滿足生活所需的各類需求。

穿山甲先生有點不明白了，他說道：「那到底該長期持有債券基金和指數基金，還是短期持有股票基金呢？」

旁邊的鼴鼠小姐回答了他的這個問題：「你要分成幾部分來購買，比如用一半的資金買長期基金，用一半的資金買股票基金。長期基金裡的債券基金和指數基金你已經知道該怎麼配置了，而購買短期的股票基金時也要看股票是否有上漲的趨勢，如果沒有，還是全部買長期基金吧。」

穿山甲先生若有所思地點了點頭。

信天翁先生說道：「這個比例要視你的投資能力和心理承受能力而定，你可以好好想想再決定。」

鼴鼠小姐說道：「信天翁先生，我最想知道的是您如何準確判斷這些短期基金的買入時機和賣出時機，這個是不容易做到的啊！」

「是的。你們看這個，我喜歡用炒股的方式來炒基金。等會兒我再告訴你們兩個我常用的選股方法，一個是生活化選股法，另一個是聯想化選股法。」信天翁先生邊說邊在紙上畫了一幅圖。

「有誰可以看懂嗎？」信天翁先生問道。

穿山甲先生搶先說道：「我可以，這是海麗國的股市月線圖，就是將每月月末收盤價連接起來形成的曲線圖，而中間那

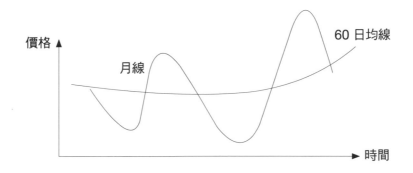

## 股市月線與 60 日均線關係的示意圖

條波動不大的曲線，便是 60 日均線，就是將某支股票在市場上往前六十天的平均收盤價格連接起來形成的一條線。」

「說得非常對，你也很專業啊！但你們發現什麼規律沒有呢？」信天翁先生又問道。

「好像價格在圍繞 60 日均線波動呢。」鼴鼠小姐說道。

「我也研究過，但我仍然虧損，因為永遠不知道哪裡是底，哪裡是頂啊！」穿山甲先生很無奈。

「那是你既沒有理解正確，也沒有操作正確啊。我再問你們一個問題，如果市場上有三種價格，分別是成本價格、供需價格和情緒價格，你們願意為哪種價格買單呢？」信天翁先生再次問道。

「我願意為成本價格買單，因為它最接近價值，但目前很難做到。現在市場上都是市場價格，又怎麼分辨供需價格和情

緒價格呢？」鼴鼠小姐也很困惑。

「問得太好了，能不能區分這兩種價格，就要靠投資的智慧啊。選擇為成本價格買單的，大多是價值投資者；選擇為供需價格買單的，大多為成長投資者；而選擇為情緒價格買單的，就絕對是失敗投資者了。」信天翁先生鄭重地說。

「可我怎麼看到，我買的股票每天收盤時就只有一個價格啊！」穿山甲先生說道。

「所以說你理解有誤嘛。假設，這裡的收盤價其實多是情緒價格，而對應的 60 日均線的價格多是供需價格，因為情緒的表現是短期的，會隨著時間的推移而日益平靜，那剩下的就大多是供需價格了。但因為它們混在一起，所以大多數人都會被蒙蔽，難以判斷。」信天翁先生解釋道。

「我明白了，儘量在 60 日均線處或以下買，是不是就可以避免情緒價格的影響了呢？」鼴鼠小姐問道。

「同樣無法成功，因為股價可能一直下跌。正確的做法是，利用情緒價格來買賣。」信天翁先生說道。

穿山甲先生忙問道：「那該如何判斷呢？」

信天翁先生說：「方法很簡單，我們需要利用能體現供需價格的 60 日均線來判斷。60 日均線上方的價格線代表的是樂觀的程度，而 60 日均線下方的價格線代表的是悲觀的程度，如股價下跌得厲害，代表大多數人為悲觀情緒買單，所以我會選擇買入；而如果股價上漲得厲害，代表大多數人為樂觀情緒

買單，所以我會選擇賣出。運用這個方法需要一些經驗，但你們可以用來買對應的基金，效果會很不錯。」

鼯鼠小姐好像有點明白信天翁先生的意思了，她覺得自己可以在 60 日均線下方分批買入股票基金，而在 60 日均線上方分批賣出；同時也可以用這個方法來定投指數基金，提高投資的收益性。

穿山甲先生還有點沒有聽懂，他說：「我還得好好消化一下！您之前說的生活化選股法是什麼意思呢？」

信天翁先生笑著說道：「比如，你要過上美好的生活需要哪些產品呢？那些暢銷產品背後公司的股票就是你要選的股票。」

穿山甲先生想了想，說道：「要過上美好的生活，需要食物、衣服、房子、汽車、電器……對了，我還想給孩子們買些他們喜歡的玩具呢。」

信天翁先生說道：「回家把這些你需要買的產品都寫下來，然後在後面寫下對應的生產這些產品的公司，再到網上看看它們是不是大家心目中排名前三的公司，當然最好是第一名的。」

穿山甲先生笑著說道：「明白了，那我就可以去買與之對應的股票了吧？」

信天翁先生搖搖頭，說道：「你又錯啦，是對應的基金！直接投資股票是像我這樣的飛行專家的特長，因為我會判斷哪

艘船會成為佼佼者。但你也不用焦慮，要知道，只要跟準節奏，就能跑贏大市。」

穿山甲先生紅著臉說道：「又忘了，我真是太笨了啊！嘿嘿！」

鼴鼠小姐也覺得很有意思，說道：「那一定要選擇現在最好的公司，也就是第一名吧？」

信天翁先生說道：「其實也不一定，與其說選擇當下的第一名，不如選擇未來的第一名，也就是最好選擇未來最好的公司！比如，過去沒有電視，但我發現了報紙上的一些資訊，我預感到電視將改變人們的生活，所以我就加大了對這些電視公司的投資。伴隨著這些公司發展得越來越好，它們的股價其實也在逐漸上漲。我會賣出一些，等待股價回檔時再買入，而最早買入的那些股票，也由短期持有變成了長期持有。不過一旦我發現新聞裡有關於電視的新的替代品出現，或者這些公司的產品銷售出現了問題，那就得迅速考慮賣出了。」

鼴鼠小姐聽得很認真，她在大腦裡飛快地思考信天翁先生說的話。她說道：「也就是說，長期和短期並不重要，您是跟著市場走，或者說跟著市場需求的變化走。」信天翁先生笑著說：「完全沒錯。那些滿足了市場需求的公司賺了市場的錢，我就在股市裡分一些它們的紅利，儘管我沒有創業，但也支持了公司的發展。」

穿山甲先生說道：「那您不怕鷹先生那樣的狙擊手嗎？他

們不會讓您如此輕鬆如願吧！」

信天翁先生說道：「的確，但你忘了我可是飛行專家，我太會利用他們打造的市場趨勢來賺錢了。比如，我喜歡跟著輪船滑翔，就是因為它們產生了巨大的向上的氣流，我的體重又有向下的重力。所以，只要找一個由氣流造成的滑道，我就可以一直飛行了。」

企鵝先生說道：「我想您說的那艘輪船就是鷹先生的對沖基金吧！您利用了它們的氣流！我在水裡游泳的時候，也能感覺到輪船產生的那種巨大的推力。」

鼴鼠小姐說道：「而我們買入基金，就相當於『與鷹共舞』了啊！哈哈！」

大家也都笑了，穿山甲先生又忙著去端了幾杯咖啡過來。

鼴鼠小姐又問道：「那您說的『國家意願』又是什麼意思啊？」

信天翁先生說道：「就是從國家的角度來思考，比如海麗國要發展旅遊業，橡樹國要發展漁業，而星羅國要發展採礦業，你說，該怎麼選股呢？」

鼴鼠小姐說道：「那就投資這些行業裡最好的公司即可。」

信天翁先生又說道：「話雖如此，但你這樣做可能會賠錢。」

鼴鼠小姐不解地問道：「為什麼呀？」

信天翁先生答道：「比如，你現在買海麗國最好的旅遊公司的股票，它已經漲了很多年了，你的資金很可能被套。」

鼴鼠小姐說道：「我明白了，要買未來國家要發展的行業的股票才行呢！」

信天翁先生說道：「非常對，最差也要選擇當下要發展的行業，而且你們要買入的不是股票，而是對應的基金。我再提醒你們最後一次！」他喝了口穿山甲先生端來的咖啡，繼續說道，「這就叫聯想化選股法。你們要根據當下自己國家的發展情況，分析哪些行業會在近期或未來一段時間內發展，然後選擇那些行業的基金就行了。」

穿山甲先生問道：「那該如何具體地聯想呢？」

信天翁先生說道：「從今天開始，你們就要養成一種習慣性的思維，即遇到任何事情或新聞，你們都要將其與股市（基金市場）進行聯想。記住，遇到任何事都要聯想，這很可能幫你找到馬上要發展的那些行業。」企鵝先生說道：「您能舉個例子嗎？」

信天翁先生說道：「比如海麗國要推動金融行業的發展，那你們就應該選擇買入海麗國的金融業基金；橡樹國要推動本國的科技化發展，那你們就應該買入橡樹國的科技類基金；而星羅國正在發生瘟疫，不光糧食短缺，還準備對其附近的小國開戰，那你們就要買入他們的醫療基金、農業消費基金和軍工基金。這樣解釋，你們明白了吧！」

企鵝先生說道：「我發現最近一家汽車公司正在研製一種新型電動跑車，那我是不是也該去買一些對應的基金呢？就是那家紅牛汽車公司。」他說話的時候，還把頭轉向了鼯鼠小姐。

　　鼯鼠小姐也點點頭，覺得信天翁先生講得很有道理，自己回去要好好地消化一下，而且要將重點記在自己的理財日記本上。

　　信天翁先生說道：「資訊裡藏著的就是機會。如果你比別人更早注意到一家值得投資的公司，剛好此時這家公司的股價還很低，沒有被人們注意到，那你賺錢的機會可就來了，等人們都要買這家公司的股票時，正好就是你賣出對應基金的時候了。」他呷了口咖啡，繼續說道，「最後，要提醒你們的一點是，不要過多地陷在基金的細節裡，那就有點本末倒置了。要知道，選基金不如選市場，就像我們要去某地，我們要選對車型和駕駛員，前者就是基金，而後者就是基金經理，他們都是為我們服務的，雖然流行著明星基金經理的說法，但還是要注意我們的目的不是評選優秀駕駛員，而是去往某地。如果你還有些迷茫，也可以在不投入過多資金的前提下多買幾檔基金，在實戰中進行比較。」

　　「好的，看來回去我們要好好研究一下基金的投資方案了，太感謝您的專業講解了！」鼯鼠小姐很真誠地說道。大家也都點點頭，面帶微笑地看著信天翁先生。

信天翁先生也看著大家，他說：「投資總是有風險的，大致包括信用風險、市場風險和操作風險三種。選擇好的基金並多選幾支來對比，就是目前應對風險的最佳方案。另外，這只是我個人的經驗之談，投資理財一定要自己親自摸索和實踐才行，不能僅聽別人的看法，包括我的建議在內。因為任何投資都是有風險的，大家可以從小額開始練習投資，逐步累積了經驗之後，再加大投資額度，但一定要謹慎小心，投資的風險可是無處不在的。」

　　整整一個下午，他們都在那家水下圖書館裡熱烈地交談，大家都成了好朋友。最後，鼴鼠小姐還認信天翁先生做了大哥，以感謝他對自己的救命之恩。她邀請信天翁先生到橡樹國做客，並說要介紹豬博士給他認識。

　　信天翁先生高興地說：「沒想到，今天不僅認了橡樹國的理財冠軍當妹妹，還結識了你們大家，真的是很有紀念意義的一天啊！」

　　他們和信天翁先生依依不捨地告別後，就乘坐最後一班旅遊巴士趕往碼頭，搭上了最後一艘渡輪。

　　第二天，兔子大姐來送鼴鼠小姐他們回橡樹國了。她聽到昨天發生的事情後，還為鼴鼠小姐感到餘悸猶存。

　　鼴鼠小姐則很高興，因為這幾天，她不光經歷了一次奇妙的旅行，還偶然地遇到了信天翁大哥，收穫實在是太大了。

**本章小結論** ~~~~~~~~~~~~~~~~~~~~~~~~~~~~~~~~~~

1. 成功的投資往往是「反人性」的。

2. 巨額資金的進出會對市場產生影響,所以它們不能很隨意地
   進行交易,要靠時間來換空間,就是價格上漲的空間;而個
   人投資者由於資金有限,一般都是小額資金投資者,而小額
   資金就是要快進快出、靈活把握。

3. 進行長期投資時,可以買債券基金和指數基金。債券中,國
   家債券和國有企業的債券的信用度非常高,而指數基金從長
   期來看最終也是上漲。因此,債券基金可以長期持有,還可
   在股市行情好的時候,部分賣出債券基金,逐步增加持有指
   數基金以獲取更高利潤,當股市行情不好時再買回債券基
   金。而短期持有的部分,可考慮購入股票基金。

4. 市場上有三種價格,分別是成本價格、供需價格和情緒價
   格,選擇為成本價格買單的,大多是價值投資者;選擇為供
   需價格買單的,大多為成長投資者;而選擇為情緒價格買單
   的,就絕對是失敗投資者了。

5. 生活化選股法是指從生活中尋找暢銷的產品,並投資生產這
   些產品的公司。聯想化選股法則是指,從新聞和相關事件中
   聯想到未來發展的行業,並投資這些行業。

Chapter 14

# 海獺教授的
# 房產課

請你帶著以下問題閱讀：
1. 買房子該如何挑選良好物件？
2. 炒房與投資房地產差異在哪？

回到橡樹國後，企鵝先生便開始嘗試創業。他邊工作邊制定了幾套創業方案，還進行了嘗試，但因為不專業，最後全失敗了。後來，他想起了當年和豬博士的那場談話。他決定選擇自己最熟悉的漁業進行創業，並從最小的規模開始做起。

雖然創業初期並不是一帆風順，且經常出現資金吃緊的問題，但由於企鵝先生對事業的熱愛和執著，他最終還是想辦法渡過了難關並獲得了成功。

企鵝先生只留下極少但夠用的企業基本經營費和個人生活費，把餘下的錢都交給鼴鼠小姐管理，因為鼴鼠小姐的理財能力在他眼中是最棒的，她已經成為名副其實的「家庭首席財務官」了。

資金的增加讓鼴鼠小姐感覺到，自己或許可以購置一間新房子了。

於是，鼴鼠小姐開著自己新買的黑色越野車直奔經濟學院——她打算請教豬博士。

豬博士也有很久沒見到鼴鼠小姐了，他見鼴鼠小姐越來越成熟、優雅，且具有一種獨特的氣質，讓人感覺她的內心很有力量。

豬博士心想：財富和成功真是一個人很好的養分啊！就像雨水與肥料是花朵很好的養分一樣，財富和成功可以讓一個普通人也散發出耀眼奪目的光輝。

鼴鼠小姐見豬博士正驚訝地看著自己，於是就笑著說道：

「老師，您不認識我啦！哈哈！」的確，過去的鼴鼠小姐經常穿牛仔褲，在家裡還喜歡圍一條白色的圍裙，圍裙上面還有一個紅色的小口袋。

豬博士也笑著說：「好孩子！這才是大家心目中的你啊！哈哈！」

鼴鼠小姐說道：「老師，是這樣的。企鵝先生在月牙河開了個小漁場，生意還不錯，我還是在家裡照顧孩子和打理財務。我想向您請教關於房地產的問題，想把理財帳戶裡的資金進行分類管理。」

豬博士點點頭，說道：「你們現在的住房情況是怎樣的呢？」

鼴鼠小姐說道：「自從修好路後，橡山灣的房價也漲了不少，現在很多人都去那裡購房置業。因為先前的房貸已基本還清，我想再買一間房，有機會把父母接來住，但我不知道該在哪裡購買，也不知是貸款買好，還是全款買好……」

鼴鼠小姐一口氣說了一大堆問題，豬博士聽得都有點糊塗了，他笑著打斷鼴鼠小姐：「不要急，你這不是一個問題，而是一堆問題啊！不過買房是一件大事，要從長計議，為了能全面學習相關知識，我建議你去上海獺教授的房產課，怎麼樣？」

「海獺教授的房產課？那太好了！什麼時候開課呢？」鼴鼠小姐急忙問道。

「明天上午正好就有海獺教授的課，你可以去全面學習一下。上完課後，如果你還有問題，到時我再來為你解答。」豬博士說道。

第二天，當鼴鼠小姐進入教室的時候，海獺教授已經到了。

只見海獺教授正大口喝著水，他清了一下嗓子，講道：「購置房產時需考慮的關鍵因素在於房子的使用價值，而房子的使用價值又是什麼呢？」

學生們回答道：「居住。」

海獺教授微笑著點點頭，說道：「很對，那些沒有使用價值的房子，價格再高也如空中樓閣一般，一旦出現大的風波，最先『倒塌』的就是它們。」

一個學生突然說道：「真的會倒嗎？現在的房子品質那麼差嗎？」

海獺教授解釋道：「我說的是價格，不是房子本身，我們討論的是房子的使用價值問題，不是討論建築問題。明白嗎？」

那個學生點點頭，說道：「明白了，教授。」

海獺教授繼續講道：「誰能說說居住為什麼對房價有支撐作用嗎？」

「我知道，居住就是房子的使用價值，而這種價值好像是可以決定價格的。」一個學生答道。

「說得很對，價格是圍繞價值上下波動的，但關鍵是價值要上漲，價格最終才會真正上漲。」海獺教授又喝了一大口水，說道，「你們認為有哪些居住因素會對房價有直接的影響呢？」

　　又一個學生起立答道：「我認為，一個是居住者的數量，也叫入住率，居住者多說明需求旺盛，大家的眼睛是雪亮的，能被這麼多人選擇的地方想必也差不到哪裡去；另一個是居住者的平均收入，畢竟高收入群體更願意也更能為高品質的居住體驗買單，房價自然可觀。所以，居住者的數量對房價有量變影響，而居住者的平均收入對房價有質變影響。」

　　海獺教授點點頭，說道：「回答得也很對，看來上一節課的內容，大家學得都很不錯嘛！那怎麼觀測量變影響和質變影響呢？」

　　「教授，我來回答。」說話的是坐在最前排的一個學生，她說道，「只需晚上去觀察一棟樓和一個社區的亮燈情況，用亮燈的戶數除以總戶數，就可以得到一個比值，這個比值越大，代表居住者越多，而居住者多了，表示大家的需求越大，房價也會穩定增長的。」

　　她看了看海獺教授，見海獺教授沒有說話，又繼續說道，「再觀察社區的空調數量和汽車數量，就會知道這個社區的富裕程度，而富裕程度越高，那麼這個地方的房價就會相對更高。老師，我說得對嗎？」

海獺教授說道：「很對。那什麼地區的這兩個指標會比較高呢？」

鼴鼠小姐心想：這也是我最想知道的啊，學生們只是紙上談兵，而我是真的要買房呀！

不過這次沒有學生回答，因為大家只知道結果和原理，還真沒想過現實中的具體情況。

海獺教授說道：「今天我講的，將有可能對你們的一生產生巨大的影響，大家要認真聽。」

接下來，海獺教授將導致量變和質變的某些具體情況，做了詳細的分析。

首先，人們之所以會對某地的房子有大量的居住需求，是因為在那裡可以得到相對較多的資源。如學校旁的房子和市中心的房子，不但方便人們上學和工作，還有很多配套設施，如漂亮的街道、大型商場、出色的醫療機構等。所以，房子成了這一切的載體，自然就吸引著大批的居民到這裡居住。房價也會隨著居民的不斷湧入，居民購買力的不斷增強，而慢慢上漲。

其次，居住者的數量的提升只是量變，而如果居住者是高收入者或者有發展潛力的人士，那其數量的提升就是質變了。如中心商業區附近的大多數房子住的都是在附近工作的人，他們收入高，購買力強。這裡的「樓王」（一個社區內綜合評價最好的房子）的價格也會是該地區最高的。

鼴鼠小姐心想：這就對了，比如橡山灣雖然不在市中心，但這裡的自然環境和配套設施，吸引了很多事業有成的人來這裡定居，這幾年房價也上漲了不少。

　　「最後，如果這兩項都具備，那麼房子的升值潛力將非常大啊！」海獺教授說道。

　　鼴鼠小姐舉手問道：「請問海獺教授，那該如何購買呢？您能分析一下貸款和全款的利弊嗎？」

　　海獺教授答道：「好的。比如，如果政策允許，你全款只能買一間房子，但貸款可以買兩間房子，如果這些房子的價格都上漲，貸款買房的收益自然就是全款買房的 2 倍。」

　　鼴鼠小姐說道：「那萬一房價下跌，貸款買房就會虧，是嗎？」

　　海獺教授答道：「是的，所以我們才要學習分析房價的走勢，買到有升值空間的房子，畢竟誰也不希望自己剛買了房子，房子就降價了。」

　　海獺教授見學生們聽得似懂非懂，就對大家說道：「這位就是咱們橡樹國首屆理財大賽的冠軍鼴鼠小姐，她講得非常好，已經很接近實戰了。大家要記住，在這裡學的只是理論，一切還得以實際為準。」

　　學生們都把頭扭向鼴鼠小姐，還為她鼓起掌來。

　　「那您對炒房這種行為怎麼看呢？」鼴鼠小姐問道，因為最近橡樹國來了一批海麗國的投機者，他們正悄悄推高這裡的

房價。

「那是嚴重的違法行為，我很瞭解他們，他們曾經把海麗國搞得烏煙瘴氣，幸虧海麗國國王及時發現了這一點，對房地產市場進行了改革，才讓他們功虧一簣。現在，他們看到橡樹國的法律還未健全，就又想來橡樹國興風作浪，對此我已向院長豬博士反映過了。國家對此是嚴令禁止的，並已制定了相應對策。」海獺教授越說越氣憤，他對海麗國太瞭解了，自己當年也是受害者，這也是他來橡樹國的原因之一。

「老師，有一點我不明白，炒房和房地產投資不都是買房子嗎？它們究竟有何區別呢？」一位同學突然起身發言。

海獺教授平復了自己的心情，他又鎮定自若地說道：「炒房是一種投機行為，目的是在短期內使房價上漲，用的手段是欺騙性的，因為炒房者買房並不為居住。他們用虛假的市場氛圍和行銷手段，推高了房價，使真正需要買房居住的人買不起。炒房給社會和民眾造成了經濟上的困擾，所以是要嚴厲打擊和抵制的。」

「房地產行業必須健康發展。總之，房子是用來住的，不是用來炒的。」海獺教授繼續說道。

海獺教授的課結束了，鼯鼠小姐又到教授的辦公室裡向他請教了許多問題，海獺教授也將自己多年的經驗和心得傾囊相授。

**本章小結論** ～～～～～～～～～～～～～～～～～～～～～～～～

1. 居住者的數量對房價有量變影響，而居住者的平均收入對房價有質變影響。

2. 炒房是一種投機行為，目的是在短期內使房價上漲，用的手段是欺騙性的，因為炒房者買房並不為居住。他們用虛假的市場氛圍和行銷手段，推高了房價，使真正需要買房居住的人買不起。

Chapter 15

# 生命的華彩

請你帶著以下問題閱讀：
1. 當職涯正順遂時卻出現意外重挫，該如何自處？
2. 面臨家庭與事業分歧時，該如何選擇？

企鵝先生的漁場發展得很快，不過鼴鼠小姐總感覺有很多基礎工作並沒有做好，而企鵝先生則好像被突如其來的成功沖昏了頭腦，加上鄰居們的交口稱讚，企鵝先生已經開始有點飄飄然了，很多時候都聽不進去鼴鼠小姐的勸告。

　　鼴鼠小姐覺得，有時成功就像一個放大鏡，會放大那些原來微不足道的小問題。而這些小問題常常已經伴隨它的主人多年，雖然這些小問題的確存在，但倘若能長期相安無事，沒有導致什麼不好的情況發生，主人成功後往往也會忽視它們，但有時，當這些小問題突然發作卻很可能毀掉主人來之不易的成功。

　　企鵝先生決定擴大漁場的規模，他花錢租下附近的一個大漁場，購買了船隻和設備，並雇了很多新員工。

　　企鵝先生原本是做職業經理人的，所以在經營自己的漁場時，有時也會不自覺地使用原先的某些管理方法。例如他覺得只要對員工態度好，就一定能讓他們努力工作，但殊不知，管理並不是一件容易的事。

　　很快，企鵝先生就發現了問題：新員工和老員工之間發生了許多矛盾，有些老員工甚至還跳槽了，並帶走了很多大客戶資源。

　　另外，由於管理上的鬆懈，他的公司錯誤地購買了很多品質有問題的船隻和設備。他讓負責採購的員工去和廠家談判，但收到的回覆是當時已經驗貨，廠家沒有責任。

企鵝先生開始有點焦頭爛額了，他想到自己並沒有像剛開始那樣親力親為，而是當起了甩手掌櫃，什麼事情都讓員工代辦。關鍵是有些員工沒有經驗且不負責任，只會說當時是沒問題的，這把企鵝先生氣得七竅生煙。

　　鼴鼠小姐看到企鵝先生每日的臉色變化後，就向一些熟悉的老員工打聽，她很快就瞭解到漁場現在發生的很多事情了。

　　鼴鼠小姐很心疼企鵝先生，知道他現在的壓力很大，也不想傷到企鵝先生的自尊心，便說道：「親愛的，漁場有什麼問題嗎？你可以和我說說，我也可以幫你的！畢竟，我們可是最好的搭檔啊！」

　　企鵝先生的心情很糟，新買的漁場出了問題，他可能還要花很大一筆錢去處理。而且，月牙河這幾年來新開的漁場越來越多，而打到的魚卻越來越少，魚的個頭也越來越小了。

　　風景優美的月牙河現在已經完全變了模樣，到處是圈起來的漁場和丟棄的破漁船、漁網，看起來真有點荒涼。政府已經注意到了這一現象，開始控制漁場的規模和捕魚的數量。企鵝先生新購買的漁場將被收回，原來的漁場也將規模減半。

　　這些打擊都讓企鵝先生無比煩惱又無能為力，他變得更加急躁，對鼴鼠小姐的關心與忠告，不僅沒能正確理解，反而認為鼴鼠小姐覺得自己無能。所以，他就對鼴鼠小姐說了一些傷人的氣話。鼴鼠小姐傷心地流下了眼淚，好幾天都沒和企鵝先生說話。

其實，企鵝先生心裡仍深愛著自己的妻子，但他也不明白自己為什麼會變成這樣，他感到既內疚又矛盾。

不久，政府又下了一道新政令，將提高對月牙河捕魚公司的稅收額度，並取消橡樹國銀行對他們的貸款優惠政策。一方面不能加大生產去捕魚，另一方面還要應對不少的支出，畢竟員工的薪資不能降低，否則員工又將流失，漁場的租金也不能不給。所以，開業就等於賠錢。企鵝先生的漁場瀕臨破產。

企鵝先生因為盲目擴張以及購買了無法使用的船隻和設備，已經虧損了很大一筆錢，其中有一些還是貸款，但他怕鼴鼠小姐擔心，就沒有如實相告。

在宣布解散漁場的那一天，倔強的企鵝先生哭得像個淚人。多年的辛苦付出付諸東流，難免讓人傷心落淚。

那天，他像個孩子一樣在鼴鼠小姐的懷裡痛哭。鼴鼠小姐早已原諒了自己的丈夫，她淚流滿面地說道：「這只是一個教訓，我們可以從頭再來的！」

企鵝先生哭著說道：「都是我太自大了，我忘了我們走到今天有多麼不容易。我不光沒聽你的勸告，還對你惡語相加，我真是太差勁了！哎！」

鼴鼠小姐說道：「就當花錢買個教訓吧。」

企鵝先生說道：「可是我賠光了我的錢，現在我什麼也沒有了啊！」

鼴鼠小姐說道：「不要太悲觀了，你忘了還有我嗎？幸虧

你當時把企業盈利的大部分都放在家裡，我已經把它變成你的下一個漁場了！」

企鵝先生眼中又露出了希望之光，他笑著說道：「真的嗎？太好了！幸虧有你，我又能開漁場了！哈哈！那我們到底還有多少錢呢？」

鼴鼠小姐也笑著說道：「這我可不能告訴你，我都放在理財帳戶裡了，給你用來再次創業的資金就在應急帳戶中。不過，要等你真正認識到這次的教訓後，我才能告訴你，因為你可是個『金錢魔術師』啊！哈哈！」

鼴鼠小姐說得有道理，因為企鵝先生自己也常說，他就像一個「金錢魔術師」，不光可以神奇地空手賺到錢，也可以神奇地把賺到的錢全部花光，他總是有絕對合理且必要的支出。

在沒有工作的這段日子裡，企鵝先生又回到了家中和鼴鼠小姐一同做家務，一同在河邊散步。Zebra 已經開始上學了，每個週末他們都會去市區送孩子。依靠鼴鼠小姐的理財帳戶，他們暫時不用工作，也可以悠閒度日。

企鵝先生每日的「工作」除了讀書，就是和鼴鼠小姐一起做家務。

鼴鼠小姐很心疼丈夫，便對他說：「你前些年太累了，身體也不好，正好利用這段時間來休整一下。家裡的這些瑣事我自己可以應付的。」

企鵝先生則說道：「沒關係，親愛的。我現在每天做家務

也相當於賺錢呀！嘿嘿！這讓我感覺自己還有價值。而且這段時間實際做家務，我才發現，我過去認為家務都是些無關緊要的小事也是錯誤的。做家務不光累，而且根本就做不完，比上班可累多啦！」

鼴鼠小姐笑著說道：「你知道就好，過去你還認為做這些小事很輕鬆呢！哈哈！」

企鵝先生關切地看著妻子，說道：「現在我才知道你有多累！我還說過蠢話，說錢都是我一個人賺的呢。其實你要是也領薪資的話，那收入比我當年工作賺得還要多呢！」

鼴鼠小姐說道：「你在外費心經營企業，我在家做點家務也是應該的，一家人最重要的是相互理解。不過你也不要太累，把身體養好再說。」

企鵝先生感動地說道：「親愛的，請放心！我會調整好自己的。」

鼴鼠小姐本來想請豬博士來幫企鵝先生解開心結，但幾次都沒能見到豬博士。大黃先生告訴她：「豬博士現在很忙，不過請放心，我會轉告他的。」

一連幾個月都沒有豬博士的消息，鼴鼠小姐索性也不再天天等待了，她更珍惜現在這段平靜的時光。

企鵝先生的心情好了許多，他的心態也變得平和了許多。過去繁忙的工作使得他在家的時間並不多，所以他也疏於對孩子的照料和關愛。在這段休閒的時間，他發現自己的孩子也慢

慢慢長大了。

　　企鵝先生心想：我要讓孩子一生都幸福快樂。假使有一天我和鼴鼠小姐離開這個世界，我們也不會感到遺憾，因為我們其實還活著，就活在孩子的心中。

　　豬博士也曾說過，一個家庭致富的奧祕就是三代人培養一代人，很多家庭都在單打獨鬥，沒有同心協力，只有幾代人共同努力，才能讓這個家族的每一代都能有好的起點。而家庭的教育也是需要言傳身教的，比如父母怎麼對待金錢，其實孩子都會看在眼裡，這比單純的說教要有用得多。

　　終於等到豬博士的消息了，大黃先生對鼴鼠小姐說道：「豬博士說很不好意思，最近他有很多事情要去處理，所以一直沒有時間來看你們，他還讓我代他表達對你們的歉意呢！」大黃先生說完還點了一下頭。

　　鼴鼠小姐忙說道：「這沒什麼！豬博士對我們真好，我都不知該說些什麼了啊！」

　　大黃先生說道：「嗯，明白！豬博士要我告訴你們，他想在這個週六請你們一家人到海邊的濱海餐廳用餐，不知你們有沒有時間啊？」

　　現在，鼴鼠小姐一家有大把的休閒時間，而且這個週六正好孩子也會回來。鼴鼠小姐愉快地答應了。

　　大黃先生說道：「那太好了！到時我們一起從經濟學院出發去那裡吧！」說完，他就回去了。

Zebra 聽說要去海邊吃飯後，高興地跳了起來，他還纏著企鵝先生要學游泳呢。

　　週六一大早，企鵝鼴鼠夫婦一家就開著自己的黑色越野車在經濟學院的門前等豬博士了。只見豬博士的車從經濟學院開出來，豬博士向他們揮了揮手後，他的車就飛快地向前駛去。企鵝先生也開著車，緊隨其後。

　　大概一個小時的車程後，他們已經可以看見大海了，這裡也是月牙河的入海口。Zebra 在車裡張大了嘴巴，他指著遠處那片藍色的海洋，歡呼起來。

　　鼴鼠小姐也很少來這邊，她發現這邊的景色有點像海麗國的旗艦島，但又有所不同。這邊的沙子是金色的細沙，不像海麗國那種純白色的軟沙。

　　海浪拍打沙灘的聲音越來越大了，企鵝先生看到那裡有許多遊客在游泳，還有人在衝浪。企鵝先生雖然精通游泳和潛水，但他並不擅長海面上的衝浪運動，不禁心馳神往。他說道：「Zebra，將來爸爸一定要學會衝浪，學會了再教你好嗎？」

　　Zebra 拍著雙手，高興地說道：「那太好了！不過，我要先學會游泳才行，要不衝浪掉進水裡可怎麼辦呀！」

　　企鵝先生和鼴鼠小姐都被孩子天真的話語逗笑了。很快，豬博士的車就在一座白色的尖頂狀建築前停了下來，這就是著名的濱海餐廳，它坐落在緊靠沙灘的位置。

他們下車後，依次進入餐廳，並在靠近海邊一側的位置坐了下來。

鼴鼠小姐發現，四周都是透明的玻璃，他們坐的位置剛好是觀賞海景的最佳位置。

在大家邊品美食邊欣賞美景之際，餐廳的熊經理走了過來，他也是這裡的老闆。

熊經理說道：「聽說您老光臨我們餐廳，真是萬分榮幸啊！下次您再來的話，請讓大黃先生提前通知我一聲，我好給您準備最好的美食。」

豬博士說道：「千萬不可！你只當我是一名普通的食客，就是對我最大的尊重了。因為我來這裡是放鬆心情、品嘗美食的，可並不想被人打擾啊。」

熊經理說道：「那是，那是，我明白了！」

豬博士還向他介紹了企鵝鼴鼠夫婦，鼴鼠小姐的大名他早已知曉，但當聽到企鵝先生來自南極國時，他竟和企鵝先生握起手來，原來他來自地球的另一端——北極國。

企鵝先生也對這位來自遠方的朋友感到好奇，就和他攀談起來。企鵝先生瞭解到，原來熊經理三度創業失敗，在絕望中創立了這家餐廳，沒想到一做就是十年，餐廳的規模也日益壯大。從海邊的一個簡易民宅起家的濱海餐廳，經過十年的發展，現在竟成了橡樹國餐飲行業的一個著名品牌。

企鵝先生由衷地敬佩起熊經理來，他問道：「您那幾次創

業失敗後，再重新開始時就不怕嗎？」

熊經理笑呵呵地說道：「小老弟，誰不怕呀！但我更怕我之後回想起來後悔。當時我們太窮了，還欠了很多錢，創業也是被逼的啊！」

企鵝先生覺得熊經理的成功真是來之不易，又問道：「那您是怎麼把這家餐廳經營成功的呢？」

熊經理微笑著說道：「沒什麼，就是用心，我剛開始只為賺錢，結果卻賠了錢。後來，我就想讓客戶滿意，想讓餐廳的飯菜成為附近最好的。剛開始，由於食材的成本高而價格低，我還在賠錢，連員工們都說我做的是賠本生意。但我堅持了下來，後來很多回頭客都主動要求我漲價，希望我能繼續經營下去。再後來，很多常來的熟客還投資了這家餐廳，他們不光自己來消費，還介紹了更多的客人來這裡。於是，我的濱海餐廳就逐漸發展壯大了。」

鼯鼠小姐聽到了熊經理和企鵝先生的談話，她也對這位身材魁梧的熊經理心生敬意。

午餐結束後，大家準備離開，熊經理讓餐廳的員工列隊歡送豬博士一行人。

不過，Zebra 可沒有盡興，他還沒有玩夠呢。他纏著豬博士要到海邊玩，豬博士本想回去準備第二天的一個會議，但他看到 Zebra 期待的眼神時，就痛快地答應了。

大家都把褲管捲起，赤著腳走在鬆軟的沙灘上。沙灘上有

很多漂亮的貝殼，豬博士幫著 Zebra 撿了很多。

顫鼠小姐和企鵝先生手牽手走在他們後面，迎著陣陣海風，他們突然有種莫名的幸福感。

此刻，企鵝先生的心中忽然有了一個很大膽的想法，他想告訴顫鼠小姐，但欲言又止。

顫鼠小姐把企鵝先生的手握得更緊了，她看著企鵝先生，說道：「親愛的，你有什麼話要對我說嗎？」

企鵝先生支支吾吾：「我……我……」

豬博士正好走了過來，Zebra 已經和大黃先生打起水仗來了。

豬博士說道：「你們這對小夫妻可是有什麼悄悄話要說？需不需要我迴避一下啊！哈哈！」

企鵝先生忙說道：「沒有，我只是想去海麗國工作。」豬博士說道：「為什麼去海麗國？難道你怕去工作被熟人看到，不好意思嗎？」

企鵝先生說道：「也不是，我先前見識過海麗國的遠洋漁業的發展水準，我想去學習一些知識，之後再回國創業，但怕顫鼠小姐擔心，所以沒敢告訴她……」

顫鼠小姐聽後心頭一震，畢竟要和丈夫相隔千里，分離一段時間，她有點不捨。他們曾發過誓，不管什麼時候，兩個人都要在一起。

豬博士看出了二人的心思，他說道：「有些時候，我們不

得不做出一些看似狠心的決定，但只要你們經得起考驗，生活就會回報你們的。」

顱鼠小姐想了想，說道：「豬博士說得沒錯，我不能太過自私，你應該去更廣闊的海洋闖蕩。你放心吧，家裡有我呢，我會把 Zebra 照顧好的。」

豬博士從懷裡掏出一個巴掌大的塑封花草標本，他對顱鼠小姐說道：「這個標本是我的老師送給我的，今天我想把它送給你們。」

顱鼠小姐看到，這是用兩片透明的硬塑膠封住的一種植物，只見這種植物的花呈四瓣，每瓣自成一色──紅、黃、藍、白，甚是好看。

豬博士說道：「這種美麗的『四色花』叫依米，生長在非洲的戈壁灘上。它是一種很特別的小花，要用大約五年的時間來生根，第六年才會長出地面，並開出一朵小小的四色鮮花。但你們知道嗎？它的花期很短，只有兩天。」

顱鼠小姐把這個標本拿在手裡，說道：「那太可惜了呀！五年的努力才換來兩天的芬芳。」

企鵝先生也說道：「這是真的嗎？還有這麼奇特的花！」
豬博士笑著說道：「當然是真的了。但究竟可不可惜，要看從哪個角度來說。對依米來說，兩天的芬芳已經足夠了，它已將自己最美麗的一面呈現給了這個世界。」

顱鼠小姐說道：「豬博士，您為了我們真的很用心。我也

懂了，人生在世，最大的價值就是實現自己的人生理想，就像小花依米一樣，它的價值就在於綻放。很多人可能會為依米感到不值，但又有誰瞭解它的快樂與滿足呢！」

豬博士笑著說道：「你們明白就好。我很理解你們現在的感受，在這個關鍵的時刻，很多人都會放棄自己最初的理想，而這時往往是最關鍵的臨門一腳的時候。想要讓人生無悔，就不應浪費自己的大好年華，更不要為了追求舒適而對自己設限，以致於失去自我發展的大好時機。」

豬博士看了眼沒有說話的企鵝先生，繼續說道：「你們知道『困』字怎麼寫嗎？」

鼴鼠小姐用手在沙灘上寫下了這個字。

豬博士說道：「這個字的周邊就像四堵牆，會把一個人困在中間。裡面其實是『十』和『人』疊在了一起，這說明什麼？說明一個人面臨人生的『十』字路口的時候，是最容易被困住的時候。」

這時，一朵浪花打過來，把剛才鼴鼠小姐寫的字給沖掉了，就好像什麼也沒有發生過一樣。

豬博士接著說道：「我不能幫你們拿主意，但我可以告訴你們世間的道理。其實困住你的一直是你自己，不過，也請相信，沒有人會被一直困住！哈哈！」

在金色的沙灘上，迎著涼爽的海風，他們一行人聊了很久。

那邊，Zebra 和大黃先生也玩累了。他們乾脆坐在沙灘上，用沙子堆起了一個大城堡。Zebra 還告訴大黃先生，說這是他將來的家，還要請大黃先生去做客呢！

　　豬博士和企鵝鼯鼠夫婦道別，Zebra 卻鬧著還要繼續玩。

　　這時，大黃先生已經將車開了過來，他將兩側的車窗全部降了下來，好讓涼爽的海風趕走車內的熱氣。同時，他還將豬博士最喜歡的一張光碟放入了車上的音樂播放機內。

　　豬博士坐上自己的車，聽著優美宛轉的音樂，看著企鵝鼯鼠一家人在海邊愉快地追逐玩耍。

　　他心想：多麼美好的時刻啊！多麼幸福的一家人啊！他們正在為自己的美好人生而努力！他本想再和他們說幾句話，但又不忍破壞眼前的美好一幕。

　　看到豬博士的車緩緩離開後，鼯鼠小姐和企鵝先生拉住 Zebra，也靜靜地站了許久。

　　鼯鼠小姐對企鵝先生說道：「親愛的，希望你儘快從海麗國學成歸來，我和 Zebra 在家等你的好消息，也祝你早日實現自己的夢想，取得新的成就！」

　　企鵝先生則說道：「謝謝，親愛的！其實我剛才也想明白了，很多所謂的成就，就像我們剛才走過的沙灘一樣。」他們回頭一望，發現他們剛留下的幾行腳印已經在海水沖刷下消失了。

　　企鵝先生繼續說道：「其實，成就也是相對的，唯有真正

能留下的才是永恆的。實現夢想固然是我最大的追求，但家庭也是我最大的幸福和成就啊！」

Zebra 也拍著手說道：「爸爸媽媽開心，就是我最想要的成就呢！」

說完，他們一家人緊緊地擁抱在一起。

這一刻，他們感覺那翻滾的浪花好像在演奏一首快樂的交響曲，那樂聲始終在他們的耳畔迴盪。

……

## 本章小結論

1. 一個人最大的價值就是實現自己的人生理想。
2. 成就是相對的，唯有真正能留下的才是永恆的。

# 後　　記

親愛的讀者朋友，當您讀到這裡的時候，本書的內容就全部講完了，但鼴鼠小姐和企鵝先生的故事還沒有結束。

在本系列的下一本書《鼴鼠小姐的理財生活：買到一支好基金》中，您還將跟著這群可愛的小動物，展開一次更專業的學習之旅。

在那本書裡，您將對基金的相關知識和操作有更深入的瞭解，並嘗試尋找適合自己的投資方法。

在那本書裡，鼴鼠小姐會告訴您更多的理財觀點，如股票投資方法等。

在那本書裡，鼴鼠小姐的幾位新朋友也會加入進來……

精彩內容，敬請期待！

企鵝先生　鼴鼠小姐

國家圖書館出版品預行編目 (CIP) 資料

鼴鼠小姐的理財生活：最有趣的理財童話，從白手起
家到名利雙收，學會用錢的方式，決定你的人生！/
錢際、楊萍著. -- 初版. -- 新北市：幸福文化出版社出
版：遠足文化事業股份有限公司發行，2024.03
256 面；14.8×21 公分. -- （富能量；91）
ISBN 978-626-7427-08-8（平裝）

1.CST：理財　2.CST：通俗作品

563　　　　　　　　　　　113000462

OHDC0091

# 鼴鼠小姐的理財生活

**最有趣的理財童話，從白手起家到名利雙收，
學會用錢的方式，決定你的人生！**

作　　　者：錢際、楊萍
責任編輯：林麗文
特約外編：林映華
封面設計：職日設計 Day and Days Design
插圖繪製：職日設計 Day and Days Design
內頁排版：顏麟驊

總 編 輯：林麗文
副 總 編：黃佳燕
主　　　編：高佩琳、賴秉薇、蕭歆儀、林宥彤
行銷總監：祝子慧
行銷企劃：林彥玲

出　　　版：幸福文化出版社 / 遠足文化事業股份有限公司
發　　　行：遠足文化事業股份有限公司（讀書共和國出版集團）
地　　　址：231 新北市新店區民權路 108-3 號 8 樓
電　　　話：（02）2218-1417

郵撥帳號：19504465 遠足文化事業股份有限公司
客服信箱：service@bookrep.com.tw

法律顧問：華洋法律事務所 蘇文生律師
印　　　製：通南彩色印刷股份有限公司

初版一刷：西元 2024 年 3 月
定　　　價：360 元

ISBN：978-626-7427-08-8（平裝）